기체,
태양계로
드라이브
떠나다

초등과학 주제학습 04 기체
기체, 태양계로 드라이브 떠나다

지은이 | 전화영
그린이 | 우지현

펴낸날 | 2008년 4월 14일 개정판 2쇄
       2010년 4월 20일 개정판 3쇄

펴낸곳 | (주)도서출판 북멘토
펴낸이 | 김태완
편집주간 | 강봉구(bkkang67@naver.com) 편집기획팀 | 박희정
책임편집 | 우지연 디자인 | 간텍스트

출판등록 | 제6-800호(2006. 6. 13)
주소 | 121-816 서울시 마포구 동교동 113-81, 2층
전화 | 02-332-4885 팩스 | 02-332-4875
홈페이지 | http://www.bookmentorbooks.co.kr

ⓒ 전화영, 우지현 2006

* 잘못된 책은 바꾸어 드립니다.
* 이 책은 저작권법에 따라 보호를 받는 저작물이므로 무단전재와 무단복제를 금합니다. 이 책의 전부 또는 일부를 쓰려면 반드시 저작권자와 출판사의 허락을 받아야 합니다.
* 책값은 뒤표지에 있습니다. ISBN 978-89-92410-19-9 73430

초등과학 주제학습 04 기체

기체, 태양계로 드라이브 떠나다

전화영 지음 | 우지현 그림

북멘토

| 들 | 어 | 가 | 는 | 글 |

수업 시간이면 늘 엉뚱한 질문만 하는 골칫덩이 토머스는 날아가는 새를 보며 "왜 사람은 날 수 없을까?"라는 의문을 가졌어요. 그러던 어느 날, 기구에 관한 책을 읽던 토머스에게 반짝이는 아이디어가 떠올랐습니다.

"맞아, 몸 안에 가스를 넣으면 사람도 하늘을 날 수 있을 거야."
 그래서 토머스는 친구인 마이클에게 가스를 많이 발생시키는 가루를 먹였어요. 뱃속에 가스가 많이 생기면 기구처럼 사람의 몸도 떠오를 수 있을 거라고 생각한 거지요. 그런데 그 가루를 먹은 마이클은 몸이 떠오르기는커녕 배가 너무 아파 바닥을 데굴데굴 굴렀고, 토머스는 아버지에게 엄청 혼이 났지요. 토머스가 누구냐구요? 바로 발명왕 에디슨이랍니다.

 기구 안에 가스가 차면 기구가 떠오른다는 사실은 여러분 모두 잘 알고 있을 거예요. 그런데 가스라는 게 대체 뭘까요?
 눈에는 보이지 않지만 가벼운 것. 맞아요, 가스는 기체를 말하는 거랍니다. 숨쉬는 데 필요한 공기에도, 차가운 바람에도,

톡 쏘는 콜라에도 기체가 포함되어 있어요. 그리고 이 세상에는 우리가 알고 있는 것보다 훨씬 많은 종류의 기체가 있답니다. 어떤 기체는 우리에게 무척 유익하고, 어떤 기체는 독성을 가지고 있기도 하지요. 만약 주변에 있는 이런 기체들의 성질을 몰랐다면 우린 열기구도 못 만들고, 짜릿한 콜라도 못 먹었을 거예요.

지금부터 우리에게 이런 다양한 기체에 관한 이야기를 들려 줄 주인공은 2105년에 냉동 상태에서 깨어난 13살 소년 장영실이랍니다. 학교 선생님도 아닌 13살 소년이 어떻게 기체에 관한 이야기를 들려 주냐구요? 그건 같이 미래로 가 보면 알 수 있답니다. 그럼, 이제 출발할까요? 휘리릭~~!

ps: 이 책을 쓰는 도중, 열심히 글을 읽어주고 마무리 부분도 도와준 제 딸 다은이와 원고 쓰는 동안 열심히 도와준 남편에게 사랑을 전합니다.

전화영

| 차 | 례 |

서기 2105년 9월 15일

첫째 날. 선생님을 만나다　12

둘째 날. 뜨거운 행성, 수성　18

셋째 날. 태양계 드라이브를 떠나다　28

넷째 날. 금성, 아름다운 비너스　36

다섯째 날. 붉은 행성, 화성　　50

여섯째 날. 푸른 보석, 지구　　60

일곱째 날. 놀이 공원을 가다　　68

여덟째 날. 냉동 인간 보관소에 들어가다　　78

서기 2105년 9월 15일

안녕, 제 이름은 장영실이에요. 나이는 열세 살. 저는 몸이 조금 아파요. 그래서 병원에 입원해서 치료를 받고 있답니다. 어느 날 힘든 치료에 지친 저는 아빠에게 퇴원시켜 달라고 조르다가 잠이 들었어요. 그런데 다음 날 아침에 눈을 떠 보니 아빠는 안 보이고, 대신 최 박사라는 사람이 저를 보고 증조할아버지라고 하네요. 이게 대체 어찌 된 일일까요?

세상에! 100년 전 의학 기술로는 저의 병을 고칠 수가 없었대요. 그래서 냉동되었다가 100년이나 지난 지금 깨어난 거라고 하네요. 제가 깨어난 날은 서기 2105년 9월 15일이래요. 그래서 아빠와 규리 누나는 이미 세상을 떠나고 안 계신대요. 최 박사라는 분은 규리 누나의 증손자라니까 저에게도 증손자가 되네요. 살다 보니 별일이 다 있네요, 그죠? 아빠가 이미 세상을 떠나셨다는 말을 들은 저는 너무 슬퍼서 울기만 했어요. 엄마가 몇 년 전에 돌아가셨기 때문에 제게는 아빠밖에 없었거든요.

애써 보았지만, 아는 사람 하나 없는 상황에서 살아갈 생각을 하니 제 기분은 도무지 좋아지지가 않았어요. 그런데, 어느 날 옆방에 있는 규리라는 아이가 저를 찾아왔답니다. 그 아이도 냉동되었다가 한 달 전에 깨어났대요. 우린 금방 친구가 되었어요. 신기하게도 규리는 제 누나와 이름도 같고 생김새도 좀 비슷한 것 같아서 더 쉽게 친해질 수 있었어요. 저는 규리랑 어울리면서 우울한 상태에서 조금씩 벗어날 수 있었지요.

그러던 어느 날이었어요. 최 박사님은 저에게 퇴원을 해도 좋다고 하셨습니다. 저는 박사님의 집으로 가게 되었어요. 규리와 작별 인사도 제대로 못 하고 헤어지는 것이 무척 아쉬웠지만, 최 박사님의 말로는 규리를 다시 만날 수 있을 거라고 합니다. 잘난 척을 많이 해서 그렇지 냉동 상태에서 깨어나서 처음으로 사귄 친구인데…….

다음 날 아침 식사를 하러 식당에 간 저는 식탁에 앉아 있는 규리를 보고 깜짝 놀랐습니다. 알고 보니 규리는 최 박사님이 딸처럼 키우는 기계 인간이라지 뭐예요. 규리는 사람과 거의 같이 생각하고 느낄 줄 아는 휴머노이드(안드로이드보다 발전된 단계의 기계 인간)라고 하네요. 어쨌든 저는 내일부터 규리와 함께 이곳저곳을 살펴보며 이 시대에 적응하기 위한 훈련을 시작하기로 했어요.

과학이 이렇게 발전했는데도 변하지 않는 사실이 한 가지 있어요. 오늘부터 저는 가정교사와 함께 공부를 해야 한대요. 그동안 과학이 많이 발전했지만, 과학의 기초적인 내용은 거의 변하지 않았대요. 그래서 과학자가 꿈인 저는 기초부터 열심히 공부해야 한대요. 휴우, 미래 사회에서도 공부를 해야 하다니. 그런데, 선생님은 과연 어떤 분이실까요?

🫘 **첫째 날**

영실이 자기 방에 있는데, 잠시 후 노크 소리가 들렸다.

"네, 들어오세요."

미모의 여선생님을 기대하고 있던 영실의 기대는 아랑곳하지 않고 규리의 모습이 나타났다.

"으악! 규리, 네가 선생님이야?"

"규리라니요? 저는 규리가 아닙니다."

얼굴은 규리와 똑같은데, 목소리가 달랐다.

"어, 목소리가 다르네."

"저는 티칭 전문 로봇 T-3000입니다. 사용자께서 원하시는 대로 저의 모습을 바꿀 수 있습니다. 원하시는 모델이 있으면 버튼을 눌러 주세요."

자세히 보니 T-3000의 상판에 터치스크린이 있고, 거기에 몇 가지 선

택 사항을 나타내는 버튼이 있었다. 영실은 자신이 살았던 2000년대의 연예인 중 가장 좋아했던 이나영을 선택했다. 그러자 규리와 같은 모습이었던 T-3000이 이나영으로 모습이 바뀌었다. 영실은 이나영의 모습을 한 T-3000을 흐뭇한 마음으로 바라보았다. 그리고 본격적인 수업이 시작되었다.

첫 번째 수업

"오늘 우리가 함께 공부할 주제는 공기야."
"네."
"질문 들어간다. 공기가 뭐니?"
영실은 멈칫했다. 공기라는 말을 평소에도 자주 써 왔고, 뭔지도 알 것 같은데 말로 표현하기가 어려웠기 때문이다.

"공기가 뭔지 알기는 아는데, 딱 집어서 뭐라고 말을 못 하겠어요."

선생님은 그럴 줄 알았다는 듯이 미소를 띠고 영실을 바라보았다.

"그래, 대부분의 애들이 그렇지. 이런 질문을 받으면 괜히 어렵게만 생각하거든. 간단해. 공기란 우리 주위에 있는 기체를 말하는 거란다."

"맞아요, 제가 말하려던 게 바로 그거였어요."

선생님은 웃으면서 다음 질문을 했다.

"그럼, 공기가 존재한다는 걸 어떻게 알까?"

이 정도는 영실이도 자신 있게 대답할 수 있었다.

"우리가 숨을 쉬잖아요. 산소가 있으니까 숨 쉬는 게 가능하고, 산소가 있다는 것을 아니까 공기가 있다는 것도 아는 거죠."

"좋아. 우리는 지금 우리 주변에 공기가 있고 공기 중에 산소가 있다는 것을 너무 잘 알고 있어. 그런데 옛날 사람들은 공기가 있다는 걸 어떻게 알았을까?"

"음, 글쎄요……."

"바람개비 만들어 본 적 있지? 바람개비를 돌게 만드는 게 뭔지 아니?"

어렸을 때, 색종이를 잘라서 접은 후 막대기에 붙여서 만든 바람개비를 들고 힘차게 달리면 바람개비가 빙글빙글 돌았던 기억이 떠올랐다.

"그거야 바람이죠."

"맞아. 잘 아는구나. 그럼, 바람이라는 건 뭘까?"

"음……, 잘은 모르지만 공기가 움직이는 거 아닌가요?"

"맞아, 공기가 움직이는 것을 바람이라고 한단다. 산들산들 부는 바람, 사납게 부는 바람, 모두 공기가 이동하는 거지. 공기를 직접 보거나 공기의 냄새를 직접 맡지는 못해도 바람을 통해서 우리는 그 흐름을 느낄 수 있어. 그래서 옛날 사람들도 공기가 있다는 걸 알고 있었지. 한 걸음 더 나아가서 공기가 무게가 있다는 것도 알고 있었고 말이야."

공기도 무게가 있다는 말을 들은 영실은 어리둥절해졌다. 만약 공기도 무게가 있다면 우린 공기에 눌리는 느낌이 있어야 하는 게 아닌가 하는 생각이 들었기 때문이다.

"공기도 무게가 있어요? 근데 저는 왜 그걸 느낄 수가 없죠?"

"당연히 공기도 무게가 있지. 그런데 우린 태어나면서부터 공기가 있는 환경에 적응해서 살고 있기 때문에 공기의 무게를 잘 못 느끼는 거야."

"그럼 공기도 무게가 있다는 걸 어떻게 알 수 있죠?"

"좋은 질문이야. 자, 이 그림을 한번 볼까?"

"무게가 같은 두 개의 풍선을 같은 크기로 불어서 윗접시 저울에 올려놓 았다가 한쪽 풍선의 바람을 빼는 거야. 그럼 공기가 빠져 나간 풍선을 올려놓은 쪽이 약간 위로 올라간단다. 다시 말해서, 공기가 들어 있는 풍선이 공기가 없는 풍선보다 무겁다는 거지. 어때, 간단하게 확인할 수 있겠지?"

"그렇겠네요. 먼저 무게가 같은 두 개의 풍선을 바람을 넣지 않은 채로 각각 올려놓은 후 하나의 풍선만 불어 보아도 알 수 있겠어요."

"맞아. 영특하구나. 앞으로 기대되는걸?"

"쑥스럽게 그 정도를 가지고 칭찬을 하시다니……. 제 이름에서 짐작이 되시겠지만 사실 제가 과학을 좀 하거든요."

"하하. 그래? 그런데 네 이름은 누가 지어 주셨니?"

"아빠가요. 조선 시대에 살았던 과학자의 이름을 따서 지으셨대요. 누나의 이름은 마리 퀴리의 이름을 따서 규리라고 지으신 거구요."

"그렇구나. 그럼 아버님 성함도?"

"네. 아버지 성함인 '무' 자, '선' 자도 고려 시대에 화약을 만들었던 최무선의 이름을 따서 할아버지께서 지어 주신 거래요."

"오, 대단하구나. 그럼 혹시 최약용 박사님 성함도?"

"그건 잘 모르겠어요. 제 짐작으로는 거중기를 만들어 명성을 떨친 정약용 선생님을 본받으라는 의미에서 그 이름을 딴 게 아닐까 싶어요."

"사이언스 패밀리네."

"집안 대대로 과학자들이 있었나 봐요. 그 유전자를 제가 받은 거구요. 그러니 제가 과학을 잘하지 않을 수가 없죠."

"음, 병이 깊어. 치료를 위해서라도 과제를 좀 내야겠다."

선생님은 무정하게도 첫날부터 영실이에게 숙제를 내주었다. 다음 날부터 규리와 함께 행성 탐험을 시작하라는 것. 공기에 대해 공부하다가 갑자기 행성 탐험을 하라니 영실은 어리둥절하기만 했다. 하지만, 2000년대에는 상상도 할 수 없었던 행성 탐험이 숙제라니 숙제에 대한 부담감은커녕 그저 신나기만 했다. 이제 본격적으로 제 2의 인생이 시작되려는 모양이다.

영실이의 정리 노트

1. 공기란? : 지구를 둘러싸고 있는 기체를 공기라고 한다.

2. 공기가 있다는 증거 : 바람을 통해 우리 주변에 공기가 있다는 사실을 확인할 수 있다.

3. 공기의 무게 : 공기를 가득 넣은 비치볼과 공기를 뺀 비치볼을 양팔 저울에 올려놓으면, 공기를 가득 넣은 비치볼 쪽으로 저울이 기울어진다. 이를 통해 공기도 무게를 가지고 있음을 알 수 있다.

영실아, 바람이 분다.

선생님을 만나다

뜨거운 행성, 수성

 둘째 날

"먼저 수성부터 시작하자."

규리가 우주선 조종석에 앉으면서 이렇게 말하자, 영실은 은근히 겁이 났다.

"수성에 착륙을 한다는 거야?"

"그럼, 물론이지."

"저, 그러니까, 그게……, 수성이 태양에 가장 가까이 있는데 안 뜨거워?"

"표면 온도가 430℃나 되는데 안 뜨거울 리가 없지."

지구를 떠난 지 얼마 안 되었는데, 벌써 금성을 지나 수성이 가까워지고 있었다. 수성은 표면 전체에 움푹움푹 파인 곳이 많아서 마치 달처럼 보였다. 잠시 후, 우주선은 수성의 표면에 사뿐히 착륙했다.

"이걸 입어. 특수 내열복이야."

영실은 규리가 건네는 내열복을 입었다. 가볍고 부드러운 느낌의 이 옷이 과연 수성의 이글거리는 열기를 견딜 수 있을지 의심스러웠다. 마지막으로 헬멧을 쓴 영실이 우주선 밖으로 나가려고 하자 규리가 영실의 어깨를 잡았다.

"급하긴. 공기통을 메고 나가야지."

"어? 수성엔 공기가 없나?"

"그럼. 여긴 공기가 하나도 없지."

"왜? 지구에는 있는데 왜 수성에는 공기가 없는 거야?"

"영실 군, 공기가 뭔지는 아시나?"

"왜 이래? 날 너무 우습게 보는 거 아냐? 지구를 둘러싸고 있는 기체를 공기라고 하잖아."

뜨거운 행성, 수성

어제 선생님과 공부했던 것이 생각난 영실은 우쭐하며 자신 있게 말했다.

"맞아. 지구를 둘러싸고 있는 기체를 공기라고 하는데, 수성에 어떻게 공기가 있겠냐? 이런 경우엔 대기라고 하는 거야."

"아, 그렇구나. 하나 배웠네."

"자, 그럼 이제 한번 대답해 봐. 왜 수성엔 대기가 없는 걸까?"

"음, 저, 그러니까, 그건……."

규리가 어제 배우지 않은 내용을 묻자 영실은 당황하였다.

"어유, 이럴 줄 알았어. 잘 생각해 봐. 수성은 태양과 가까워서 엄청나게 뜨겁잖아."

규리는 뭔가 중요한 힌트를 주었다는 듯한 표정으로 영실을 바라보았다.

'뜨겁지. 그래서 어쨌다는 거지?'

영문을 모르는 듯한 영실의 표정을 보던 규리가 말을 이었다.

"뜨거우면 기체가 어떻게 되는지 생각해 보라구."

"음, 뜨거워지면 기체가 없어지나?"

"비슷해. 수성은 작고 가벼운 데다 뜨거워서 대기가 없는 거야. 무슨 말인지 잘 모르겠지? 자세한 건 나중에 선생님께 여쭤 봐."

"그래, 알았어. 너 똑똑하다."

"자, 그럼 이제 한번 나가 볼까? 근데, 별로 재미는 없을 거야. 수성은 너무 더워서 소풍지로도 인기가 별로 없거든."

이유야 정확하게 모르겠지만 대기가 없다니 숨을 쉬기 위해서는 반드시 공기통을 메는 게 맞는 것 같았다. 영실은 공기통을 메고 우주선 밖으로 걸어 나갔다. 지구에서 볼 때보다 태양이 훨씬 크게 보였고 그만큼 강렬한 빛이 내리쬐고 있었다. 수성은 너무 황량해서 규리 말대로 재미가 없었다. 영실은 얼른 우주선 안으로 돌아왔다.

"에이, 재미없어. 우리 집으로 가자."

그렇게 시시하게 첫 행성 탐험을 끝내고 둘은 집으로 돌아왔다.

두 번째 수업

아리따운 이나영 선생님이 영실의 방에서 영실을 기다리고 있었다.

"첫 행성 탐험인데, 어디로 갔었니?"

"수성이요."

"가 보니까 어땠어?"

"황량, 그 자체던데요. 무척 뜨겁기만 하고."

"그래, 거기서 뭘 알아냈어?"

"수성엔 대기가 없다는 거요."

"그랬구나. 그러면 수성에 대기가 없는 이유도 알겠네?"

"아, 그게 말예요, 규리가 그 이유는 자세하게 설명을 안 해 주더라구요. 그냥 수성이 태양에 가까이 있어서 지구보다 뜨거워서 그렇다고만 하던데요. 자세한 건 선생님께 배우래요."

영실은 도움을 청하는 눈빛으로 선생님을 바라보았다. 하지만, 선생님은 바로 답을 알려주지 않으실 모양이었다.

"영실아, 열기구 본 적 있니?"

"그럼요. 제가 직접 만들어 본 적도 있는 걸요."

"이렇게?"

선생님의 말씀이 끝나자 벽에 화면이 나타났다. 화면 속에는 과학실에서 열기구를 만들던 과거의 영실의 모습이 있었다.

구리선을 이용해 얇고 큰 비닐봉지에 알코올을 적신 솜을 매단 후 솜에 불을 붙이면 비닐봉지가 부풀면서 열기구처럼 둥실둥실 떠올랐던 기억이 났다. 비닐봉지에는 그리고 싶은 걸 아무거나 그리라고 했는데, 영실이는 "규리 누나 바보"라고 글자를 썼었다.

너무 놀라 멍하니 있는 영실을 보면서 선생님은 살포시 미소를 지으셨다.

"어떻게 해서 비닐봉지가 떠올랐는지 기억나니?"

"그럼요, 기억나요. 알코올을 적신 솜에 불을 붙이고 비닐봉지의 귀퉁이를 잡고 있으면 비닐봉지가 부풀면서 커지거든요. 비닐봉지가 적당히 커졌을 때 손을 놓으면 위로 올라가요."

"그래, 맞아. 그럼 왜 비닐봉지가 커졌는지 아니?"

"글쎄요. 비닐봉지 안의 공기가 점점 뜨거워져서 그런 건가?"

"맞아. 그럼 조금 더 근본적인 얘기를 해 보자. 공기, 즉 기체가 뜨거워지면 왜 부피가 커질까?"

"음, 선생님, 전 잘 모르겠어요. 너무 어려워요."

"그래, 영실이 너한테는 어려운 내용일 수도 있겠다. 하지만, 사실 그 이유는 무척 간단하단다."

선생님은 잠시 고민하는 것처럼 보였다. 쉽게 설명하려고 애쓰시는 모양이었다.

"영실아, 기체들은 분자들로 이루어져 있어. 분자가 뭔지는 알지?"

"예, 알아요."

"그런데 기체를 이루고 있는 분자들은 가만히 있는 게 아니라 항상 신나게 움직이고 있단다. 마치 새장에 갇힌 새들처럼 말이야."

새장 속의 새들이 밖으로 나가려고 날개를 파닥대며 날아다니는 모습이 눈앞에 떠올랐다.

'여기저기로 정신없이 날아다니는 모습이 기체 분자들이 움직이는 모습과 비슷하다는 건가 보네.'

선생님의 말씀이 이어졌다.

"그런데, 분자들이 활발하게 움직이려면 에너지가 필요해."

"아, 기체가 열을 받으면 에너지가 많아지는 거예요?"

"바로, 그거야."

영실은 이제 감을 잡은 것 같은 기분이 들었다.

"열을 받아 에너지가 많아지면 기체 분자들이 더욱더 신나게 움직여서 기체의 부피가 커진다는 거죠?"

"오, 영실이, 정말 대단한데. 맞아. 그리고 기체의 부피가 커져서 비닐봉지의 부피가 커지면 비닐봉지가 공기보다 가벼워져서 떠오르는 거란다."

"아, 그렇구나. 이제 열기구가 떠오르는 이유를 알겠어요."

선생님은 내심 뿌듯한 표정이었다. 영실이가 잘 알아듣는 것이 무척 대견한 모양이었다.

'오늘 공부는 이걸로 끝이겠지?'

그러나 영실의 기대에도 불구하고 선생님의 질문이 이어졌다.

"세계 최초로 열기구를 만든 사람이 누군지 아니? 유명한 형제인데."

영실은 자신 있게 대답했다.

"그야 물론 라이트 형제죠."

선생님은 그럴 줄 알았다는 얼굴로 소리 내서 웃으시더니 말씀을 이으셨다.

"라이트 형제는 열기구가 아니라 비행기를 최초로 만들었지."

"아참, 그러네요. 열기구는 누가 처음 만들었는지 잘 모르겠어요."

그 순간, 벽에 화면이 보이기 시작했다.

"라이트 형제가 아니라 몽골피에 형제였군요."

"그래, 프랑스 사람들은 이 사실을 대단히 자랑스럽게 여기지. 자, 수업을 정리해 볼까? 이제 수성에 대기가 없는 이유는 알겠지?"

"네. 수성은 너무 뜨거워서 기체 분자가 모두 수성 주위에 모여 있지 못하고 달아났기 때문에 대기가 없어요."

"그래, 오늘은 여기까지 하자. 기대보다 매우 훌륭하구나."

"뭘, 이 정도를 가지고 그러세요, 흠흠."

그날 밤 영실이는 열기구를 타고 하늘 높이 올라갔다가 기구가 찢어져 추락하는 꿈을 꾸었다.

'으악, 사람 살려!'

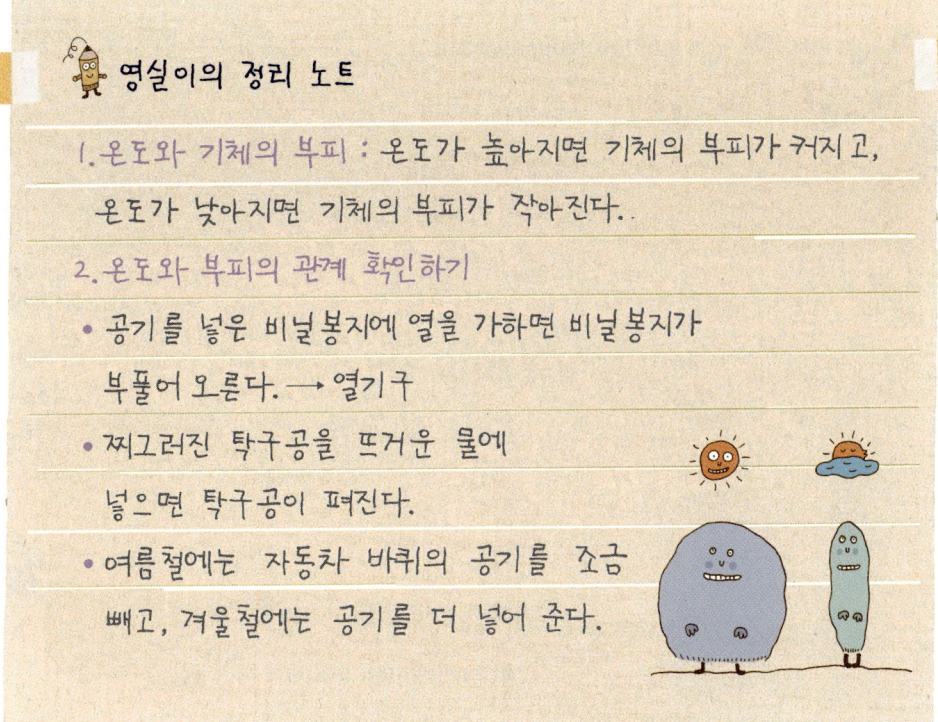

영실이의 정리 노트

1. 온도와 기체의 부피 : 온도가 높아지면 기체의 부피가 커지고, 온도가 낮아지면 기체의 부피가 작아진다.
2. 온도와 부피의 관계 확인하기
   - 공기를 넣은 비닐 봉지에 열을 가하면 비닐 봉지가 부풀어 오른다. → 열기구
   - 찌그러진 탁구공을 뜨거운 물에 넣으면 탁구공이 펴진다.
   - 여름철에는 자동차 바퀴의 공기를 조금 빼고, 겨울철에는 공기를 더 넣어 준다.

태양계 드라이브를 떠나다

어머, 태양계 드라이브를 하는구나.

 셋째 날

다음 날, 영실과 규리는 다시 우주선에 올라탔다.

"오늘은 어느 행성으로 갈까?"

"어? 니가 정하는 거 아냐?"

"어젠 내 맘대로 수성에 갔으니까 오늘은 네가 가고 싶은 곳을 골라 봐."

"음, 사실 난 이렇게 쉽게 우주 여행을 할 수 있다는 게 너무 신기해. 그래서 먼저 태양계 전체를 쭉 살펴보고 싶어."

"그래, 그것도 좋겠다. 그럼 오늘은 오랜만에 태양계 드라이브를 해 볼까?"

아름답게 빛나는 금성, 푸른 보석 같은 지구, 붉게 빛나는 화성을 지나 수많은 위성을 지닌 거대한 목성, 멋진 테두리를 가지고 있는 토성, 얼어붙은 천왕성, 해왕성까지 모두 보고 나자 어느새 날이 어두워지고 있었

다. 하루 종일 드라이브를 했더니 무척 피곤하고 배도 고팠다.

"나 배고파. 우리 밥 먹자."

"난 괜찮으니까 넌 저기 있는 기계에서 뽑아 먹어."

'참, 규리는 기계 인간이니까 밥을 안 먹는구나.'

영실은 규리가 가리키는 기계에 가까이 가서 메뉴를 살펴보았다.

"비빔밥, 생선가스, 이게 뭐야. 메뉴가 뭐 이래."

"왜 그래?"

"비빔밥하고 생선가스밖에 없잖아. 난 이거 둘 다 별로 안 좋아하는데."

"우주선 안에서는 아무거나 먹으면 안 되니까 어쩔 수가 없어."

"왜?"

"지상에 있을 때보다 방귀가 더 많이 나올 수 있거든."

"정말? 왜 그런데?"

"우주선 내부는 지상에 비해 기압이 약간 낮아. 그래서 뱃속에 가스가 차면 지상에 있을 때보다 배가 더 부풀게 되거나 방귀가 더 나오게 돼."

"그거랑 음식 종류랑 무슨 상관이야?"

"바보야, 생각을 좀 해 봐. 음식을 먹으면 소화가 되면서 뱃속에 가스가 생길 거 아냐. 그런데 가스가 많이 생기는 음식을 먹으면 사태가 더 심각해지지 않겠어?"

규리의 설명을 듣고서야 영실은 우주선 안 기계에 딸랑 비빔밥이랑 생선가스만 있는 이유를 알 수 있었다.

'이건 마치 기내식 같네. 비행기를 타면 주는 기내식도 대체로 메뉴가 두 종류밖에 없잖아.'

결국, 영실은 다른 메뉴에 대한 기대를 포기하고 비빔밥을 선택하였다.

세 번째 수업

"오늘은 어딜 다녀왔어?"

"하루 종일 우주선을 타고 다니면서 태양계를 다 돌았어요."

"자, 그럼 오늘은 뭘 배우고 왔니?"

"우주선 안에서는 아무거나 먹으면 안 된다는 거요."

"그래? 왜 아무거나 먹으면 안 되는데?"

"방귀가 더 자주 나올 수 있기 때문이래요."

"왜 방귀가 더 자주 나오지?"

"규리 말로는 우주선 안의 압력이 지상의 압력보다 낮아서 그렇대요."

"우주선 안의 압력이 더 낮다는 것은 영실이가 이미 경험해 본 일일 수도 있어. 혹시 비행기 타 본 적 있니?"

"물론 있죠. 얼마 전에도 캐나다의 로키 산맥에 다녀왔거든요. 아참, 얼마 전이 아니라 100년 전이네요."

마지막으로 입원하기 전에 영실이네 가족은 캐나다의 로키 산맥으로 여행을 갔었다. 그 때 보았던 푸른 하늘과 환상적인 색깔을 띠고 있던 빙하 호수가 눈앞에 선하게 떠올랐다.

"비행기 안에서 기내식을 먹으면 지상에 있을 때와는 달리 배가 더부룩하게 느껴지는 경우가 많아."

"맞아요. 근데 그게 특별한 이유가 있어서 그런 거예요?"

"그래. 단순히 비행기를 탔다는 것 때문에 흥분해서 그런 게 아니고, 과학적인 이유가 있단다. 비행기가 하늘 높이 올라가면 비행기 내부의 압력이 줄어들어. 지상이 1기압인데 비해, 비행기 내부는 0.6~0.7기압쯤 되지."

"아, 그래서 그런가요? 비행기 안에서 먹으려고 과자를 가져갔었는데, 비행기 안에서 꺼내 보니 과자봉지가 빵빵하게 부풀어 있었거든요."

"맞아. 외부 압력이 작아지면 그 과자봉지처럼 우리 뱃속에 있는 가스도 부풀게 된단다. 외부에서 누르는 압력이 작아지기 때문에 그런 거지."

"그런데 우리 뱃속에 가스가 들어 있어요?"

"물론이지. 뱃속의 가스는 주로 음식물이 소화될 때 생긴 거야. 그리고 음식물의 종류에 따라 가스가 생기는 양도 달라져."

"맞아요. 특히 보리밥은 먹고 나면 방귀가 많이 나와요."

"그래. 그래서 방귀가 많이 나오는 보리밥 같은 음식은 기내식으로는 잘 쓰지 않아. 지상에서도 먹고 나면 방귀가 뿡뿡 나오는데, 비행기 속에서는 오죽하겠어? 비행기를 타고 있는 내내 코를 막고 있어야 할지도 모르지. 그래서 기내식 메뉴를 개발하는 사람들은 가스가 많이 안 생기는 음식물 위주로 식단을 짠단다. 우주선도 비행기와 마찬가지로 내부 기압이 낮기 때문에 우주선 안에서 먹을 수 있는 음식물도 제한되어 있는 거야."

영실의 머리 속에는 우주선에서 먹었던 비빔밥이 떠돌아다니고 있었다.

'아, 그래서 그런 거였구나. 이렇게 자상하게 가르쳐주시니까 정말 이해가 잘 되네. 규리는 정말 무뚝뚝하단 말이야.'

"우주선 안에서 먹을 수 있는 음식물이 제한되는 이유는 결국 하나야. 외부 압력이 작아졌을 때 뱃속의 가스가 팽창한다는 거. 즉, 압력이 작아지면 기체의 부피가 커지기 때문이지."

"오, 좀 학문적인 말이 나오는 것 같네요."

"그래, 그럼 이쯤에서 질문 들어간다. 만약 압력이 커지면 기체의 부피는 어떻게 될까?"

"에이, 선생님, 저를 너무 무시하시네. 압력이 작아지면 기체의 부피가 커지니까, 압력이 커지면 당연히 기체의 부피는 작아지겠죠."

"맞아, 압력이 커지면 기체의 부피는 작아지지. 이렇게 압력에 따라 기체의 부피가 일정하게 변하는 법칙을 '보일의 법칙'이라고 한단다. 누가 발견했는지 알겠니?"

"혹시, 보일?"

"눈치가 빠르네. 맞아, 보일이야. 보일은 고매한 인격을 갖춘 과학자로 유명한 분이지. 귀족의 아들로 태어난 그는 어렸을 때부터 여러 가지 면에서 재주와 지혜가 뛰어났다고 해. 어렸을 때 유학을 갔다가 벼락을 만나

놀란 후부터는 독실한 신앙을 갖게 되어서 평생을 독신으로 살면서 열심히 연구만 했대. 참 대단한 분이지?"

영실은 보일이라는 사람이 불쌍하다는 생각이 들었다.

'왜 결혼을 안 했을까? 아마도 이나영 선생님 같은 사람을 못 만나서 그런 게 아닐까?'

영실의 머리 속에서 문득 떠오른 생각이었다.

"보일은 원래부터 기체에 관심이 많았어. 자, 이 그림을 한번 볼까?"

어느새 벽면에는 또다시 화면이 나타났고, 선생님의 설명이 이어졌다.

"보일은 이렇게 'J'자 모양으로 생긴 유리관과 수은을 가지고 기체의

부피와 압력 사이의 관계를 알아냈단다. 수학식으로 간단하게 나타낼 수 있지만, 그건 아직 영실이에게는 좀 어려운 내용이니까 다음에 배우기로 하자. 보일은 실험 결과 압력이 2배로 커지면 기체의 부피가 절반으로 줄어들고, 압력이 3배로 커지면 기체의 부피가 $\frac{1}{3}$로 줄어든다는 사실을 알아냈어. 그래서 그는 '기체의 부피는 압력에 반비례한다.'라는 결론을 내렸지. 반비례한다는 말이 어렵지?"

수학과 관련된 내용과 어려운 용어가 함께 나오자 영실은 머리가 지끈지끈 아파 오기 시작했다.

"으, 수학 내용이 나오니까 골치가 아파요."

"이 내용을 수학적으로 다 이해할 필요는 없고, 그냥 감으로만 느끼고 이해하면 돼. 중요한 건 그 원리를 아는 거거든."

"진작에 그렇게 말씀을 하시죠. 그런데 왜 압력이 변하면 기체의 부피가 달라져요?"

"영실이도 잘 알겠지만 액체나 고체는 눌러도 거의 부피가 변하지 않아. 그런데 기체는 누르면 부피가 줄어들어. 액체, 고체에 비해 뭔가 다른 점이 있는 거지. 그게 뭘까?"

"글쎄요. 잘 모르겠어요."

"기체는 액체나 고체에 비해 분자의 운동이 자유롭고 분자들끼리 서로 멀리 떨어져 있어. 분자와 분자 사이에 빈 공간이 많다는 거지. 그러니까 바깥에서 누르면 비어 있던 공간이 눌려져 쉽게 부피가 변하는 거야. 음, 어떤 예를 들면 이해하기가 쉬울까? 아, 그래. 베개를 생각해 봐. 푹신푹신한 베개가 단단한 베개보다 잘 눌러지잖아. 액체나 고체가 단단한 베개라고 한다면 기체는 푹신푹신한 베개라고 생각하면 될 것 같다."

영실은 머리 속으로 대략 이해가 되는 것 같았다.

"선생님, 대충 알 것 같아요."

"자, 그럼 이제 수업을 마치도록 하자. 잘 자."

영실이의 정리 노트

1. 기체에 힘을 가할 때의 부피 변화 : 압력이 커지면 기체의 부피가 작아지고, 압력이 작아지면 기체의 부피가 커진다. → 보일의 법칙

2. 압력과 부피의 관계 확인하기
   - 공기를 넣은 비닐봉지를 힘껏 누르면 비닐봉지의 부피가 줄어든다.
   - 주사기의 피스톤을 뒤로 당긴 상태에서 주사기 끝을 손가락으로 막은 다음, 피스톤을 누르면 피스톤이 안으로 밀려 들어간다. 누르던 손을 놓으면, 피스톤이 다시 뒤로 밀려난다.
   - 페트병에 물을 가득 채운 다음 뚜껑을 꼭 닫은 후 눕혀 놓고 누르면 페트병 속에 있는 기체 방울의 크기가 작아지고, 누르던 손을 놓으면 기체 방울의 크기가 원래대로 되돌아온다.

금성, 아름다운 비너스

> 누가 날더러 사이다 행성이래? 난 그냥 이산화탄소가 많을 뿐이라구!

 넷째 날

다음 날, 영실과 규리는 우주선을 타고 금성으로 향했다.

"어제 태양계를 전체적으로 훑어보았으니 오늘부터는 다시 행성을 하나씩 탐사해 보자."

"그래, 좋아."

우주선에서 바라보는 금성은 황량하기만 했던 수성에 비해 너무나 아름다웠기 때문에 영실은 가슴이 두근거렸다. 금성에는 수성과 달리 대기가 많은지 진한 구름이 잔뜩 끼어 있었다.

"와, 여긴 대기가 많은가 봐."

"맞아, 금성에는 대기가 무척 많지. 그런데 금성의 대기는 지구에 있는 공기와는 많이 달라."

"어떻게 다른데?"

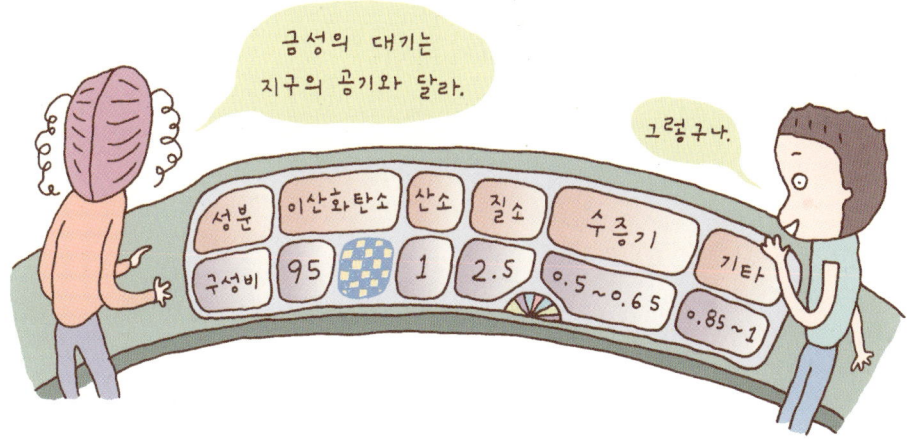

"계기판을 봐. 금성의 대기 성분이 나와 있어."

"헉, 여긴 온통 이산화탄소네."

"맞아, 이산화탄소가 거의 대부분을 차지하고 있지."

이산화탄소라는 말을 듣자 영실이는 톡 쏘는 맛의 시원한 탄산음료가 생각났다. 설탕물에 이산화탄소를 녹이면 탄산음료를 만들 수 있다고 들었던 것 같아서였다.

"와, 그럼 여기에서는 사이다 만들기가 정말 쉽겠다."

"생각하는 게 온통 먹는 것뿐이구나. 하여간 남자애들이란. 하긴, 옛날 사람들은 금성이 사이다로 넘실대는 바다로 되어 있다고 믿었다더라."

"그럴 수도 있지. 뭐 그런 걸 가지고 구박하고 그래?"

영실은 발끈했지만, 규리는 눈도 깜짝하지 않았다. 규리 누나의 유전자 중에서 뻔뻔한 성질을 나타내는 유전자만을 골라 규리에게 넣은 모양이다. 영실이 이런 생각을 하고 있을 때, 다시 규리의 질문이 날아왔다.

"이산화탄소가 물에 녹으면 톡 쏘는 맛이 난다는 걸 누가 처음 발견했는지 알아?"

영실은 우물쭈물하며 대답을 하지 못했다.

"그건 잘 모르겠는데."

"프리스틀리야. 잘 기억해 둬. 기체에 관련된 연구를 무척 많이 한 사람이니까 말이야."

'뭐? 프리슬리? 뭔 이름이 그래? 근데 그 사람은 어떻게 해서 톡 쏘는 맛이 나는 탄산음료를 만들 수 있었을까?'

영실의 궁금증을 알아차린 듯 규리의 말이 이어졌다.

"프리스틀리는 술이 발효될 때 발생하는 이산화탄소를 물에 녹여서 탄산음료를 만들었어."

'이산화탄소가 물에 녹나? 소금이나 설탕 같은 고체가 물에 녹는 것은

많이 보았지만, 기체가 녹는 것은 본 적이 없는 것 같은데?'
 규리에게 물어 보면 엄청나게 잘난 척하면서 무시하겠지만 궁금한 걸 그냥 참고 넘어갈 수 있는 영실이 아니었다.
 "이산화탄소가 물에 녹아?"
 "기체 중에서는 꽤 잘 녹는 편이야."
 "기체도 물에 녹는구나. 희한하네."
 "영실이 넌 가끔 터무니없이 무식할 때가 있더라. 만약, 기체인 산소가 물에 안 녹으면 물고기는 어떻게 숨을 쉬겠니?"
 듣고 보니 그랬다. 물고기가 아가미를 통해 산소를 흡수한다는 것은 알고 있었는데, 그 산소가 물에 녹아 있는 산소 기체라는 데까지는 생각이 미치지 못했었다. 영실은 창피한 마음에 얼른 다른 데로 화제를 돌렸다.
 "그럼 요즘에도 술을 발효시켜서 탄산음료를 만드는 데 필요한 이산화탄소를 만들어?"
 "아니, 발효될 때 나오는 이산화탄소 기체는 양이 너무 적어서 실제로 이용하기는 힘들어. 그래서 실험실에서는 산 용액에 석회석을 넣어서 실험에 필요한 이산화탄소 기체를 만들어. 사실, 이산화탄소 기체는 집에서도 간단하게 만들 수 있어."
 "집에서 이산화탄소 기체를 만들 수 있다고?"
 "응. 너도 만들어 봤잖아."
 규리가 뭐라고 중얼거리며 무엇인가를 누르자 이번에는 우주선 앞쪽에 화면이 나타났다. 또다시 옛날 영실이의 모습이었다.
 '아, 저때 엄마한테 엉덩이 엄청 맞았는데.'

영실이는 이산화탄소 기체에 대해 이야기하다가 갑자기 이 장면을 보여 주는 이유를 알 수 없었다. 아무래도 규리가 자신을 놀리는 것만 같았다.

"그런데 이 장면을 왜 보여 주는 거야?"

"저 실험을 할 때 식초에 담가 둔 달걀 표면에서 기체가 나왔던 거 기억 안 나?"

"기억 나. 그런데? 아, 그게 이산화탄소였구나. 나도 이산화탄소 기체를 만들어 본 거였구나. 어쨌든, 이산화탄소로 탄산음료를 만든다니까 이산화탄소라는 기체가 매력적으로 느껴지네."

"그래. 그런데 너에게 그렇게 매력적으로 느껴지는 이산화탄소 때문에 금성은 좀 곤란한 문제를 안고 있어. 바로 표면 온도가 약 500℃로 엄청나게 뜨겁다는 거야. 물론, 지구보다 태양에 가깝기 때문이기도 하지만, 이산화탄소가 온실 기체거든. 혹시 지구 온난화라는 말 들어 봤어?"

"어, 들어 봤어. 내가 살던 2005년만 해도 지구 온난화가 심해져서 빙하가 녹고, 섬들이 가라앉는다고 그랬어. 지금 지구는 어때?"

"다행히도 온난화에 의한 위험은 거의 없어졌어. 지금은 석유나 석탄과 같은 화석 연료를 이용하지 않고 대부분 태양 에너지를 이용하거든."

"석유나 석탄이 탈 때 이산화탄소가 많이 나오는 모양이지?"

"맞아. 그래서 화석 연료를 이용하지 않는 요즘엔 지구 온난화 현상이 거의 나타나지 않아."

"휴, 생각만 해도 끔찍하다. 지구에서 석유나 석탄을 계속 썼다면 지구도 금성처럼 뜨거워졌을 수도 있는 거잖아."

"옛날 사람들은 금성이 아름답게 빛나는 것을 보고 미의 여신인 비너스의 이름을 붙였어. 그런데 나중에 금성의 상황을 알고 나서는 성경에 나오는 지옥이 여기가 아닐까 하는 생각도 했대."

네 번째 수업

변함없이 아름다운 이나영 선생님과의 수업은 그날 밤에도 계속되었다.

"영실아, 안녕. 오늘은 금성에 갔었지?"

"어, 그걸 어떻게 아셨어요?"

"그 정도는 기본이지. 그래, 금성은 어땠어?"

"수성보다는 볼만했어요. 그런데, 보기보다는 끔찍한 곳이던데요?"

"맞아. 금성은 표면 온도가 엄청나게 높은 데다 황산비까지 내리는 끔찍한 환경이지. 영실아, 금성의 표면 온도가 높은 이유는 알아냈니?"

영실은 의기양양하게 대답했다.

"네. 이산화탄소 때문이에요. 금성은 대기의 대부분이 이산화탄소인데, 이산화탄소로 인한 온실 효과 때문에 그렇게 뜨거운 거죠."

"맞아. 금성은 대기 중의 이산화탄소 때문에 표면 온도가 무려 500℃ 정도까지 올라가는 열지옥이란다. 금성보나 태양에 가까운 수성도 최고 온도가 430℃ 정도밖에 되지 않아. 그런데 수성보다 태양에서 멀리 있는 금성의 표면 온도가 이렇게 높은 것을 보면 온실 효과가 얼마나 큰지를 잘 알 수 있지."

"와, 진짜 엄청나구나. 이산화탄소는 참 나쁜 거네요."

"이산화탄소 자체가 나쁜 것은 아니야. 만약 대기 중에 이산화탄소가 모두 없어진다면 우린 숨을 쉴 수 없을 거야."

"이산화탄소가 없는데 왜 숨을 못 쉬어요?"

선생님이 어이없어하는 표정을 지으시는 것과 동시에 화면이 나타났다.

"식물은 이산화탄소를 이용해서 광합성을 하고 그 결과 우리가 숨쉬는 데 필요한 산소를 만들어. 그러니까 이산화탄소가 모두 없어지면 식물이 광합성을 할 수 없고 결국 산소가 만들어지지 않으니까 우리는 숨을 쉴 수가 없는 거야."

"아, 그렇군요. 하긴, 이산화탄소가 없으면 김 빠진 콜라만 마셔야 하는 거니까 이산화탄소가 나쁜 것만은 아니네요. 참, 선생님, 규리한테서 들었는데, 프리 뭔가 하는 사람이 탄산음료를 처음 만들었다면서요? 어떻게 해서 만들었는지 대충은 들었는데, 자세히 알고 싶어요."

"프리스틀리야. 프리스틀리가 이산화탄소를 물에 녹여서 탄산음료를 만들었다는 설명은 들었지?"

"네. 그런데 프리스틀리는 이산화탄소가 물에 녹으면 톡 쏘는 맛이 난다는 사실을 처음부터 알고 있었던 거예요?"

"아니, 프리스틀리도 처음부터 그 사실을 알고 있었던 것은 아니야. 양조장 근처에서 살다가 술이 발효될 때 이산화탄소가 발생하는 것을 발견했지. 그리고 이산화탄소의 성질을 연구하던 중에 물에 녹여서 마셔 보았더니 짜릿한 맛이 난다는 걸 알게 된 거야."

"대단하네요. 뭔가를 처음으로 만들어 내는 사람들을 보면 참 존경스러워요."

"맞아. 그런데, 프리스틀리는 이 연구를 하면서 사람들에게 오해를 많이 받았단다."

"무슨 오해요?"

선생님이 벽으로 고개를 돌리자 벽에 화면이 나타났다.

"아하, 이런 사연이 있었군요. 재밌네요. 밤마다 사람들의 눈을 피해 술 만드는 양조장에 가서 실험을 하는 목사님이라니. 양조장에서 얼굴이 벌겋게 되어서 나오니 목사님이 몰래 술을 마신다고 사람들이 오해할 만도 하네요."

"그러게 말이다. 그래도 멋진 목사님이지? 뛰어난 과학자들 중에는 성직자들이 몇 분 있단다. 완두콩을 이용해서 유전 법칙을 발견한 것으로 유명한 멘델은 신부님이었어. 수도원 뜰에다 완두콩을 심고 기르면서 유전 법칙을 발견했지."

"우와, 목사님도 있고, 신부님도 있으면, 혹시 뛰어난 과학자 중에 스님은 없어요?"

"그, 글쎄. 그건 잘 모르겠구나."

"선생님이 모르시는 것도 다 있네요?"

장난치는 듯한 영실이의 말에 선생님은 당황해서 얼굴이 빨개지더니 이를 만회하려는 듯 질문을 던졌다.

"이런 장난꾸러기 같으니라구. 선생님을 놀리면 못써요. 자, 질문 들어간다. 불이 붙은 나무 조각을 술통 가까이에 가져 가면 왜 불이 꺼질까?"

프리스틀리가 매일 밤 양조장에서 했다는 실험이 바로 그거였다. 영실은 잠시 생각한 뒤 대답했다.

"그거야 술통 근처에 이산화탄소가 많았기 때문이죠."

"왜 술통 근처에 이산화탄소가 많았을까?"

'그러게. 기체들은 공기 중으로 쉽게 흩어지는데 왜 이산화탄소는 술통 근처에 남아 있었을까?'

열기구를 떠올리니 영실은 그 답을 알 수 있을 것도 같았다.

"열기구 속의 공기가 주변의 공기보다 가벼워지면 열기구가 뜨잖아요. 그러면 반대로 이산화탄소는 공기보다 무거워서 공기 중으로 흩어지지 않고 술통 근처에 남아 있는 거 아니에요?"

"우와, 대단하구나. 하나를 가르쳐 주면 둘을 아네. 역시 영실이는 가르치는 보람이 있는 제자야."

선생님의 칭찬에 영실은 어깨를 으쓱했다. 이산화탄소에 대한 선생님의 설명이 계속되었다.

"이산화탄소는 공기보다 무겁기 때문에 옛날에는 불을 끄는 소화기에 이산화탄소가 사용되었단다."

"이산화탄소가 소화기에도 사용되었어요?"

"불이 계속 타기 위해서는 산소가 필요하다는 것은 알고 있지? 그런데 이산화탄소는 공기보다 무거워서 아래로 가라앉기 때문에 산소의 공급을 차단해 주지. 그래서 소화기에 이용될 수 있었던 거야."

"아, 학교랑 집에서 보았던 빨간 소화기 안에 이산화탄소가 들어 있었던 거군요. 그 소화기에서 흰 거품 같은 게 막 나왔었는데."

"그 거품 안에 이산화탄소가 들어 있었던 거지."

"이산화탄소는 쓰이는 데가 정말 다양하네요. 아, 맞어. 아이스크림 케이크를 포장해 줄 때 녹지 말라고 넣어 주던 드라이아이스도 이산화탄소로 만든 거죠?"

"맞아. 이산화탄소를 냉각시켜서 만든 드라이아이스는 온도가 매우 낮아서 아이스크림을 포장할 때 많이 썼었지. 무대 위에 안개가 깔리는 효과를 낼 때도 쓰였고."

"선생님은 어떻게 옛날 일을 그렇게 잘 아세요? 선생님이랑 이런 이야기를 하고 있으니까 제가 지금 2105년에 살고 있다는 게 실감나지가 않아요. 그런데 혹시 요즘도 드라이아이스 같은 걸 쓰나요?"

영실의 질문에 선생님은 미소를 지으며 대답했다.

"요즘은 번거롭게 드라이아이스를 사용하지 않아. 간단한 장치 하나로 아이스크림을 녹지 않게 포장할 수 있고, 무대 위에 안개가 깔리는 효과도 낼 수 있거든. 나는 지금 너의 눈높이에 맞추어서 수업을 하는 거야. 너는 2000년대에 살았었잖니. 나한테는 각 시대별로 모든 데이터가 들어 있단다."

"아하, 그렇군요."

그날 밤, 영실은 큰 술통 위에 올라앉아 달콤한 콜라를 실컷 마시는 행복한 꿈을 꾸었다.

영실이의 정리 노트

1. 물에 대한 기체의 용해 : 기체는 물에 녹는 성질이 있다.
2. 이산화탄소를 발생시키는 반응들
   - 대리석과 묽은 염산
   - 조개껍데기와 묽은 염산
   - 달걀 껍데기와 식초
   - 탄산수소나트륨과 식초
3. 이산화탄소의 성질
   - 색깔과 냄새가 없는 기체로, 공기보다 무겁다.
   - 불이 꺼지게 하는 성질이 있다.
   - 석회수를 뿌옇게 흐리게 한다.
   - 식물의 광합성에 꼭 필요한 기체이다.
   - 온실 기체로 지구 온난화를 일으킨다.
4. 이산화탄소의 이용 : 탄산음료, 드라이아이스, 소화기 등을 만드는 데 이용한다.

붉은 행성, 화성

![] **다섯째 날**

　다음 날, 규리와 영실은 우주선을 타고 화성으로 출발했다. 화성이 가까워 오자 영실의 머리 속에서는 과거에 영화에서 보았던 외계인의 모습이 떠오르기 시작했다. 어린 시절 보았던 영화 속의 외계인은 대개 지구인을 공격하는 나쁜 무리들이었고, 그들 중 가장 자주 등장한 것이 바로 화성인이었다.

　"궁금한 게 있는데, 화성에 화성인은 없었어?"

　"화성인? 옛날 영화에 자주 등장했던 문어처럼 발이 여러 개 달린 괴물 같은 거 말이야?"

　"어. 과거에 난 화성인이 지구로 쳐들어와서 지구인을 괴롭히는 영화를 많이 봤거든."

　"흠, 지구인이 미개척지인 화성을 처음 탐사했을 때, 화성에는 생명체가

없었어. 지금은 제 2의 지구가 되었지만."

"화성이 제 2의 지구가 되었다고? 어떻게?"

"얼마 전부터 전 지구적 정책에 따라 많은 지구인들이 화성으로 이주해 갔거든. 자세한 건 직접 눈으로 확인해 봐."

규리는 익숙한 몸짓으로 조종석에 있는 레버를 당겼다. 화성에 점점 가까워지면서 예전에 사진으로 보던 것과는 너무나 달라진 화성의 표면을 직접 확인할 수 있었다. 우주선 밖으로 보이는 화성의 표면에는 둥근 돔 모양의 도시가 세워져 있었다.

'도시 밖은 붉은색의 먼지가 휘날리는 황량한 곳이지만, 돔 안의 도시는 제법 밝고 활기차 보이네.'

영실이 이런 생각을 하고 있을 때, 우주선은 돔 안의 승강장으로 날렵하게 들어가서 착륙하였다.

"와, 엄청나다."

우주선에서 내려 돔의 내부를 본 영실은 그 엄청난 규모에 깜짝 놀랐다. 멀리서 보았을 때는 그렇게까지 규모가 큰 줄 몰랐는데, 실제로 들어가서 보니 높은 건물들과 바쁘게 오가는 사람들로 거대한 규모의 돔이 가득 차 있었다. 영실과 규리는 승강장에 비치되어 있는 작은 비행정을 타고 돔 내부를 구석구석 살펴보았다. 돔은 완벽하게 밀폐되어 있었으며, 투명한 재질로 만들어져 있어서 내부로 햇빛이 잘 들어와 무척 밝았다.

"돔 안에서는 모든 게 자급자족되고 있어. 심지어는 숨쉬는 데 필요한 기체까지도 자체적으로 공급되고 있지. 돔 안에 있는 식물들이 광합성을 해서 산소를 만들어 내고, 오염된 기체는 자체 정화 장치를 통해 정화되거나 외부로 방출되거든. 그리고 돔 안의 대기는 지구 대기와 똑같이 질소와 산소가 4 : 1 정도로 섞여 있는 상태로 유지되고 있어."

"에계, 산소가 겨우 20% 정도만 있다구? 이왕이면 신선한 산소로 가득 채워 놓지 질소를 왜 그렇게 많이 섞어 놓았을까?"

"쯧쯧, 머리는 장식품으로 달린 게 아니라 쓰라고 있는 거야, 영실아. 머리를 써서 생각을 좀 해 봐. 산소만 있으면 어떻게 될지."

산소만 있으면 더 좋을 것 같은데, 왜 질소를 산소보다 더 많이 넣어서 지구 대기처럼 만드는 건지 영실이는 잘 이해가 되지 않았다.

"뭐가 뭔지 잘 모르겠다는 표정이네. 좋아, 힌트를 하나 주지. 산소의 특징이 뭐야?"

"음, 산소는 그러니까 숨을 쉴 수 있게 해 주고, 또, 음……. 맞다. 불이 잘 타도록 도와 주지."

"쯧쯧, 거기까지 알면서도 아직 질소를 같이 넣어 주는 이유를 모른단 말이야?"

영실은 알듯말듯한 기분이 들었지만 뭔가가 확실하게 떠오르지는 않았다.

"좋아, 결정적인 힌트를 주지. 산소가 발견된 과정을 따라가다 보면 아마 알게 될 거야."

"산소를 누가 발견했는데?"

"그게 좀 복잡해. 셸레, 프리스틀리, 그리고 라부아지에가 산소를 최초로 발견한 사람이 서로 자신이라고 우겨 꽤나 시끄러웠거든."

"최종 승자는 누구야?"

"프리스틀리."

"어? 양조장 목사님?"

"맞아. 바로 그 목사님이야. 금성에 갔을 때 이산화탄소에 대해 이야기하면서 프리스틀리에 대해 잘 기억해 두라고 했지?"

"그렇구나. 근데 그 분은 산소는 또 어떻게 발견했대?"

"이따 집에 가면 네가 좋아하는 이나영 선생님과 공부할 텐데, 뭘 그리 급하게 그러셔?"

"에이, 당장 궁금하니까 그렇지. 내 성격 잘 알면서 그러네. 규리, 너는 알지? 그치?"

"흠, 좋아. 그렇다면 이번에는 내가 알려 주지."

이제는 갑자기 화면이 나타나는 것에 익숙해진 영실이 화면을 바라보기 시작했다.

"자, 이제 알겠지? 왜 돔 안에 산소만 넣지 않고 질소도 함께 섞어 넣는지?"

영실은 이제 공기 중에 산소가 20% 정도만 있는 이유를 확실히 알 수 있었다.

"그러네. 산소를 모은 그릇에 꺼져 가는 양초를 넣었을 때 촛불이 엄청나게 활활 타올랐다고 했으니까 산소가 많아지면 지금보다 불이 더 잘 타겠구나. 지금도 큰 불은 쉽게 끌 수가 없는데, 대기가 산소 100%로 되어 있다면 작은 불이라도 끄기가 무척 힘들겠네. 아이고, 불쌍한 119 아저씨."

"대기가 산소 100%로 되어 있다면 아마 한번 불이 나면 모든 것이 다 타 버리기 전에는 절대로 불이 안 꺼질걸? 그러니 현재의 산소량에 감사하자구."

"맞아. 대기가 산소 100%가 아닌 게 정말 다행이야. 그런 걸 보면 자연은 정말 신기해. 어떻게 이런 것까지 다 예상하고 적절한 비율을 유지하는지 말야."

다섯 번째 수업

집에 돌아오자 선생님이 반갑게 맞아 주셨다.

"오늘은 화성에 다녀왔니?"

"네. 화성이 너무 많이 변해서 신기하고 재밌었어요. 100년 동안 과학이 얼마나 발달했는지 놀라울 따름이었어요."

"영실이는 변화된 화성을 처음 봤으니 신기하기도 했겠다. 그래, 화성에서는 뭘 알아가지고 왔어?"

"음, 화성 돔 안에 왜 산소만 넣지 않고 질소를 함께 넣는지 알았고, 프리스틀리가 산소를 처음으로 발견했다는 것도 알았어요."

"야, 오늘은 선생님이 가르칠 내용이 별로 없겠는데?"

"무슨 그런 서운한 말씀을 하세요. 선생님, 저도 프리스틀리처럼 산소를 모아서 꺼져 가는 양초나 생쥐를 넣는 실험을 해 보고 싶어요. 실험에 필요한 걸 구해 주실 수 있으세요?"

"뭐가 필요한데?"

"먼저 산소를 발생시키는 데 필요한 산화수은인가 하는 약품이랑 지름이 30cm 정도 되는 돋보기요. 그리고 또, ……."

"프리스틀리의 실험을 재현해 보고 싶은 거니? 아니면 산소를 만들어 보고 싶은 거니?"

"산소를 만들어 보고 싶어요."

"요즘엔 프리스틀리와 같은 방법으로 산소를 만들지 않아."

"에? 그럼 어떻게 만들어요?"

"몇 가지 간단한 약품들을 이용해서 산소를 만든단다. 산소를 만들 때 가장 많이 쓰는 것이 과산화수소야."

"과산화수소요?"

"소독약 중에 상처에 바르면 흰 거품이 생기는 거 있지? 그게 과산화수소야. 과산화수소에 촉매를 넣어 주면 과산화수소가 분해되면서 산소 기체가 나오거든. 아참, 물을 전기 분해해도 돼. 물을 H_2O라고 표시하잖아. 수소와 산소로 이루어져 있다는 뜻이지. 그래서 물을 전기 분해하면

(+)극에서 산소 기체를 얻을 수 있어."

"그게 제일 간단한 방법이에요? 제가 혼자 하기에는 좀 어려운 것 같은데, 더 쉽고 폼 나는 방법은 없나요?"

"게으르기는. 산소를 얻는 가장 쉬운 방법은 산소 캔을 사는 거야."

"와, 그게 제일 맘에 드네요. 그런데 산소 캔 안의 산소는 과산화수소를 분해하거나 물을 전기 분해해서 만든 거예요?"

"아니. 산소 캔처럼 공장에서 산소를 다량으로 생산할 때에는 '분별 증류'라는 방법을 사용한단다."

"분별 증류요? 그건 어떻게 하는 건데요?"

"먼저 공기의 온도를 영하 200℃ 정도까지 낮춰서 공기를 액체로 만들어. 그런 다음 온도를 조금씩 올려 주면 영하 183℃ 정도에서 산소가 끓어서 나와. 이런 방법으로 공기에서 산소만 분리해 내는 거지. 이런 방법을 유식한 말로 '분별 증류'라고 한단다. 그리고 분별 증류를 통해 얻어진 산소 기체를 캔 안에 넣어서 산소 캔이라는 상품으로 파는 거야."

"그럼, 선생님. 공기 중에 있는 이 많은 산소는 대체 어떻게 해서 생긴 거예요? 설마 과거에 공룡들이 약품을 써서 만들어 낸 건 아니겠죠?"

"지금 공기 중에 있는 산소의 대부분은 식물이 만들어 내는 거란다. 식물은 빛을 받으면 광합성을 하는데 그 과정에서 산소 기체가 만들어지거든. 그러니 앞으로는 식물을 볼 때 감사하는 마음을 가져야 해. 우리가 마음껏 숨쉴 수 있게 산소를 만들어 주는 고마운 존재들이니까."

영실은 자기 방에서 시들시들 말라 가고 있는 화분이 떠올랐다.

'당장 물을 줘야겠어.'

영실이의 정리 노트

1. 산소의 발생
   - 묽은 과산화수소수와 이산화망간이 반응하면 산소가 발생한다.
   - 물을 전기 분해하면 (+)극에서 산소가 발생한다.

2. 산소의 성질
   - 색깔과 냄새가 없다.
   - 다른 물질이 잘 타게 도와준다.
   - 생물이 호흡할 때 꼭 필요한 기체이다.
   - 공기 중에 21% 정도 포함되어 있다.
   - 물에 잘 녹지 않는다.

3. 산소의 이용 : 생물의 호흡, 금속의 용접과 절단, 로켓의 연료, 잠수부·우주인·등산가·중환자의 호흡 장치 등에 이용한다.

푸른 보석, 지구

여섯째 날

오늘은 지구를 관찰하기로 한 날이다. 영실은 우주선을 타고 지구 밖에서 지구를 찬찬히 살펴보았다. 멀리서 보니 지구는 창백한 푸른빛을 띠고 있는 유리구슬같아 보였다.

'그래서 옛날에 어떤 유명한 천문학자가 지구를 창백한 푸른 점(pale blue dot)이라고 불렀나 보다.'

보이저 호가 태양계를 떠나면서 찍은 지구의 사진을 보고 칼 세이건은 지구를 '창백한 푸른 점'이라고 불렀다. 무한한 우주, 수많은 행성들 중에서 쥐면 깨질 것같이 연약한 우리의 오직 하나뿐인 지구를 지키는 일이 얼마나 중요한지 새삼 깨닫게 되었기 때문이다.

"무슨 생각을 그렇게 해?"

"응? 아니, 아니, 별 생각 안 했어."

"거짓말 마. 얼굴에 심각하다고 쓰여 있는데 뭘."

"그래? 심각한 건 아니구, 사실은 옛날에 읽었던 책이 생각났어. 그 책을 읽으면서 지구가 참 소중하다고 느꼈었거든."

"흠, 지구가 소중한 건 사실이지."

지구를 생각하다 보니 영실은 예전부터 궁금하게 여겨 왔던 질문이 하나 떠올랐다. 과학이 이 정도 발달했으면 그 질문에 대한 답도 밝혀져 있을 것 같다는 생각이 들었다.

"근데 말이야, 궁금한 게 있어. 왜 지구에만 생명체가 있는 거지?"

규리는 제법이라는 표정으로 영실을 보더니 천천히 말을 시작했다.

"오랜만에 제법 쓸 만한 질문을 하는구나. 그런데 그 질문에 대한 답은 아직도 밝혀지지 않았어. 지금까지 밝혀진 것은 지구에 생명체를 지키는 데 필요한 보호막이 있었기 때문에 지구에서만 생명체가 살아남을 수 있었다는 것뿐이야."

"그 보호막이 뭔데?"

"오존층이라고 들어 봤지?"

"오존층이야 잘 알지. 오존층에 구멍이 나서 매일 선 크림을 바르고 다니느라 얼마나 귀찮았는데. 참, 그러고 보니 냉동 상태에서 깨어난 뒤로는 선 크림을 바른 적이 없네."

"오존층이 바로 생명체에 치명적인 자외선을 차단해서 지구를 보호해 주는 보호막이지. 다른 행성에는 오존층이 없어서 자외선이 차단되지 않거든. 그리고 지금은 오존층이 완전히 회복되어서 선 크림을 안 발라도 되는 거야."

"프레온 가스가 오존층을 파괴한다고 들었는데 요즘엔 프레온 가스를 전혀 안 쓰나 봐?"

"당연하지. 프레온 가스는 20세기 최악의 발명품 중의 하나였다구."

"하여간 지금은 괜찮다니 다행이네."

'음, 오존층 때문에 지구에만 생명체가 살 수 있다는 거지? 근데 아무리 오존층이 있다고 해도 산소가 없으면 생명체가 살 수 없잖아?'

"잠깐만. 지구에만 생명체가 있는 게 정말 오존층 때문만이야?"

"오호, 점점 제법이서. 당연히 오존층 때문만은 아니지. 생물이 살아가려면 필요한 게 얼마나 많은데. 숨쉬려면 산소도 있어야 하고, 식물이 광합성을 하려면 이산화탄소도 있어야 하고, 단백질이 만들어지려면 질소도 있어야 하고 말이야."

"아, 지구 공기 속에 산소, 이산화탄소, 질소 같은 것들이 모두 함께 어우

러져 있어서 우리가 살아갈 수 있는 거구나."

새삼스럽게 지구라는 곳이 정말 대단하다는 생각이 들었다. 보호막과 생명 유지에 필요한 여러 기체들이 있어서 많은 생명체들이 깃들어 살고 있는 곳. 이 곳을 소중히 가꾸어야겠다는 생각도 동시에 들었다.

여섯 번째 수업

규리와 영실이가 돌아오자 때맞춰 선생님이 나타나셨다.

"오늘은 어딜 다녀왔니?"

"우주에 나가서 지구를 관찰했어요."

"그래? 그럼 오늘이 마지막 수업이겠구나."

"어, 정말요?"

"그래, 지구까지 보았다면, 이제 행성 탐험은 다 끝난 거야. 태양계 행성 중 지구랑 비교적 비슷한 행성은 다 본거거든. 남은 행성들은 기체 성분이 많아서 착륙하기도 어려워. 그리고 아까 병원에서 연락이 왔는데, 너처럼 최근에 냉동 상태에서 깨어난 아이가 또 있는 모양이야. 이제 그 아이를 가르치러 가야 하거든."

영실은 순간적으로 서운한 마음이 들었지만 내색하지는 않았다. 그 아이가 지금 얼마나 막막할지 대충 짐작이 되었고, 이제 공부를 하지 않아도 된다는 것이 기분 좋기도 했기 때문이다. 선생님은 영실의 마음을 눈치챈 듯 빙그레 웃으며 말했다.

"시원섭섭하지? 하지만, 나랑 공부하는 게 끝났다고 해서 공부가 모두 끝난 건 아니야. 아마도 다음엔 다른 선생님과 다른 내용을 가지고 공부를

하게 될 거야."

"으악, 너무하세요. 그동안 정말 열심히 공부했는데……."

선생님은 영실의 어깨를 두드리며 말을 이었다.

"그래, 네 맘 알았으니까 이제 오늘의 공부를 시작해 보자. 멀리서 지구를 보니까 기분이 어땠어?"

"새삼스럽게 지구가 참 고맙게 느껴졌어요."

"그래? 어째서?"

"태양계에 있는 행성 중에서 지구에만 생명체가 있잖아요."

"지구에만 생명체가 존재할 수 있는 이유에 대해서도 알아보았어?"

"네. 여러 가지 이유가 있지만 오늘은 오존층에 대해서 들었어요."

"맞아, 오존층은 지구를 지키는 소중한 보호막이지."

"제가 살던 2005년에는 오존층에 구멍이 났다고 해서 다들 선 크림을 바르고 다녔어요. 그런데 지금은 괜찮다면서요?"

"맞아, 요즘은 프레온 가스를 전혀 쓰지 않으니까. 그렇지만 오존층이 완전히 회복되는 데에는 시간이 꽤 오래 걸렸단다."

영실은 이상하다는 생각이 들었다.

'프레온 가스 때문에 오존층이 파괴된 거라면 프레온 가스를 안 쓰면 오존층이 바로 회복되어야 하는 거 아냐?'

"프레온 가스를 사용하지 않으면 오존층이 바로 회복되는 거 아닌가요?"

"바로 회복된다면 얼마나 좋겠어."

선생님의 말씀이 끝남과 동시에 오늘도 어김없이 화면이 나타났다.

"이처럼 프레온 한 개가 오존을 하나만 파괴하고 사라지는 게 아니라 반복해서 계속 오존을 파괴한단다. 영실이 생각에는 프레온 한 개가 오존을 몇 개 정도 파괴할 수 있을 거 같아?"

"글쎄요, 한 50개?"

"프레온 한 개가 파괴하는 오존은 약 10만 개야. 그래서 프레온 가스가 한번 방출되면 오랜 기간에 걸쳐 오존이 지속적으로 파괴되는 거지."

"으, 끔찍하네요. 그럼, 결국 인류는 오존층 파괴의 대가를 치렀나요?"

"다행히도 열심히 노력한 결과 아주 치명적인 문제는 피해갈 수 있었단다. 물론, 피해를 본 사람이나 동물들이 있긴 했지만."

동물을 좋아하는 영실은 동물도 피해를 입었다는 말을 듣자 귀가 번쩍 뜨였다.

"어? 동물들도 자외선의 영향을 받아요?"

"그럼, 당연하지. 자외선은 모든 생명체에 해로운 것이거든. 옛날에 남미 쪽의 어느 산악 도로에서 토끼떼가 도로에서 뛰어다니는 바람에 소란이 생긴 적이 있었어."

"토끼들이 왜 도로에서 뛰어다녔대요? 차들이 다녀서 위험할 텐데."

"그래서 이상하게 여긴 사람들이 토끼들을 검사해 보았더니, 토끼들이 모두 눈이 멀어 있었대."

"네? 눈먼 토끼가 단체로 다녔단 말예요?"

영실은 검은 선글라스를 쓴 할아버지 토끼가 다른 눈먼 토끼들을 이끌고 고속도로를 걸어가는 모습을 상상해 보았다. 토끼들이 불쌍하기도 하고 그 모습이 우습기도 했다.

"그 많은 토끼들이 모두 눈이 먼 상태로 태어났을 리는 없지. 그래서 학자들이 토끼가 눈이 먼 이유를 연구했단다. 토끼들이 갑자기 단체로 눈이 먼게 뭣 때문인지 짐작이 되니?"

"혹시, 오존층 파괴 때문?"

"딩동댕. 토끼들이 살던 곳이 산악 지대라서 고도가 낮은 곳에 비해 자외선이 훨씬 강렬하게 내리쬔 거야. 토끼는 눈이 무척 예민하거든. 그래서 눈이 자외선을 견디지 못하고 멀게 된 거였어."

"아, 그런 거였구나. 그럼 사람들이 선글라스를 쓰는 것도 눈을 보호하기 위해서인가요?"

"맞아, 사람의 눈도 자외선의 피해를 많이 입기 때문에 눈 보호용으로 선글라스를 쓰는 거지."

영실의 머리 속에는 선글라스를 눈에 쓰지 않고 머리띠처럼 머리에 얹고 다니던 규리 누나의 모습이 떠올랐다.

'여자들은 참 신기해. 선글라스를 왜 머리띠로 쓰지?'

선생님과의 마지막 수업을 마친 그날 밤, 영실은 꿈속에서 선글라스를 머리띠처럼 한 선생님과 함께 신나게 놀이 기구를 타는 꿈을 꾸었다.

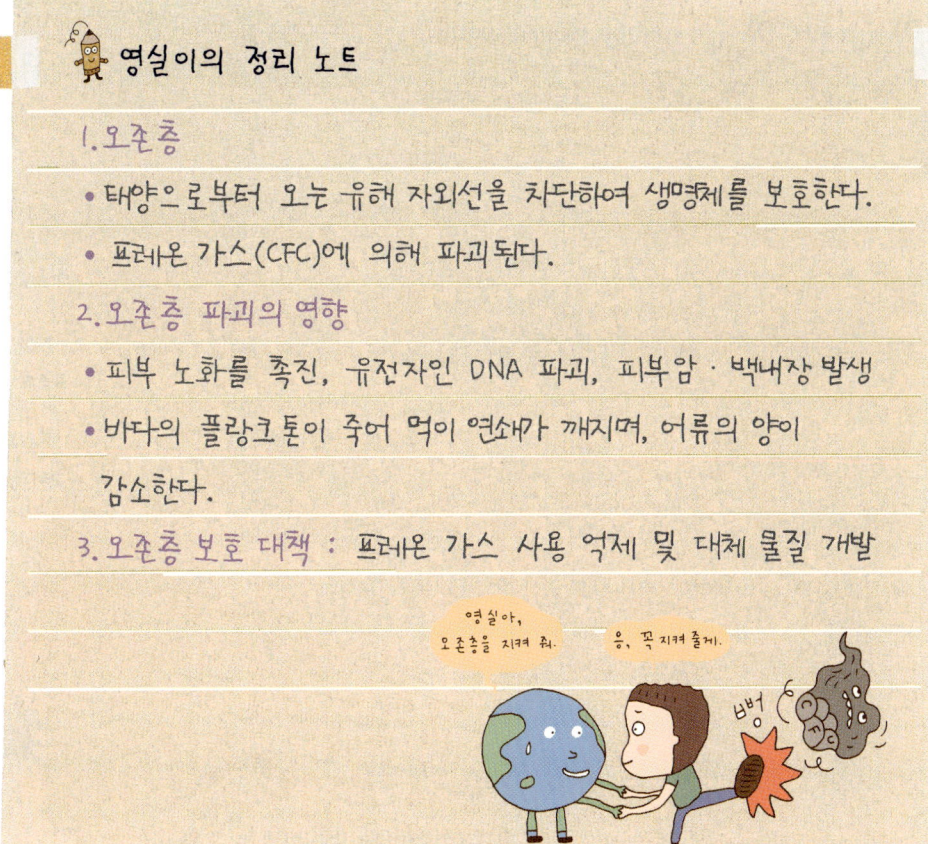

놀이 공원을 가다

🌸 일곱째 날

　다음 날 아침, 영실은 오랜만에 휴가를 얻은 최 박사와 함께 아침 식사를 하였다.

"잘 주무셨습니까, 할아버님?"

"네."

"오늘은 제가 휴가를 얻었는데, 어디 가 보고 싶은 곳 있으세요?"

영실은 어제 밤 꿈에서 보았던 놀이 공원이 떠올랐다.

"놀이 공원요."

"놀이 공원요?"

최 박사가 못 알아듣자 옆에 있던 규리가 말했다.

"옛 지구 보존 구역에서 본 적이 있어요, 아빠."

영실이 기억하고 있는 놀이 공원 같은 곳은 없어진 모양이었다.

"가상 체험이 유행하면서 놀이 공원은 없어졌어. 그런데 유적 보존 차원에서 에버랜드라는 곳은 그대로 놓아 두었어. 요즘 복고풍이 유행하면서 애들이 다시 그 곳에 가는 모양이더라. 아빠, 우리 오늘 거기 가요. 영실이가 거기 가 보고 싶은 모양이니까."

"할아버님, 에버랜드라는 곳에 가 보고 싶으세요?"

"네, 가족들과 함께 여러 번 갔던 곳이에요."

영실과 최 박사, 규리는 아침 식사를 마치자마자 옛 지구 보존 구역으로 향했다. 그 곳에 도착해 보니 놀랍게도 영실이가 기억하고 있는 모습 거의 그대로였다. 길게 줄 서 있는 아이들, 풍선과 솜사탕을 파는 아저씨들, 돌아가는 회전 마차, 씽씽 달리는 열차…….

"와, 옛날이랑 진짜 똑같아요."

"그래요? 그럼 우리도 줄을 한번 서 볼까요?"

놀이 공원을 가다   69

세 사람은 한참을 기다린 후에야 공원에 입장할 수 있었다. 공원에 입장하자 어떤 아저씨가 팔고 있는 풍선이 영실의 눈에 띄었다.

'예전에는 아빠가 풍선을 종종 사 주시고는 했는데……'

영실의 마음을 읽은 듯 최 박사가 말했다.

"할아버님. 풍선 사 드릴까요?"

"유치하게 풍선이 뭐니? 열세 살이나 되는 애가."

규리가 시비를 걸었다.

"유치하긴 뭐가 유치해."

"내가 내는 문제 맞추면 아빠께 풍선 사 주시라고 할게."

"좋아, 문제 내 봐."

"저 풍선 안에는 무슨 기체가 들어 있게?"

"나를 너무 무시하네. 헬륨이잖아, 헬륨."

"어, 아네. 제법인걸."

그 사이 최 박사는 풍선을 한 아름 사 가지고 왔다.

"할아버님, 풍선 여기 있습니다."

영실은 규리를 흘겨보았다.

"한 가지만 더 물어 보자. 헬륨 기체를 마시면 어떻게 되는지 아니?"

"아니, 그건 모르겠는데?"

의기양양해진 규리가 말을 이었다.

"목소리가 마치 오리가 꽥꽥거리는 소리처럼 변해. 안 해 봤으면 한번 마셔 봐. 재미있어."

영실은 재빨리 풍선 하나를 풀어 그 속에 들어 있는 기체를 마시기 시작했다.

"그만, 그만. 너무 많이 마시면 안 돼. 산소 부족으로 쓰러질 수도 있어. 하여간, 무식하면 용감하다니까."

"무식하긴 누가 무식해."

"우하하하, 너 목소리 정말 웃긴다."

영실의 오리 목소리를 듣고 모두들 배를 잡고 웃기 시작했다. 한참을 웃던 최 박사가 이런 현상이 나타나는 원리에 대해 설명을 해 주었다.

"이런 걸 '도널드 덕 효과'라고 부릅니다. 왜 이런 일이 생기는지 아세요?"

"아뇨, 잘 몰라요."

"헬륨 기체 속에서 소리가 전달되는 속도와 공기 중에서 소리가 전달되는 속도가 다르기 때문입니다. 헬륨 기체 속에서는 소리의 전달 속도가 빨라져서 방정맞은 오리 소리가 나는 거지요. 헬륨 기체가 없어지면 목소리가 다시 원래대로 돌아오니까 너무 걱정하지 마세요."

최 박사의 말대로, 잠시 후 영실의 목소리는 원래대로 돌아왔다.

"야호, 이제 내 목소리 다시 나온다. 나의 멋진 목소리가."

"또 시작이군, 시작이야."

이리저리 뛰어다니는 영실을 보며 규리가 혀를 끌끌 찼다. 정신없이 뛰어다니던 영실이 풍선에 매여 있던 줄을 놓치자 풍선들은 순식간에 모두 하늘로 올라가기 시작했다.

"어, 어!"

영실이 팔짝팔짝 뛰며 풍선을 잡으려고 했지만 이미 풍선은 최 박사의 손에도 닿지 않을 만큼 높이 올라가 버린 뒤였다.

"대체 풍선들은 왜 모두 위로 뜨는 거야? 에잇, 아까운 풍선만 날렸네."

"풍선이 모두 위로 뜬다고? 정말?"

"그래, 다 올라가 버렸잖아."

규리는 잘 걸렸다는 듯 속사포처럼 빠르게 말을 하기 시작했다.

"영실이 너, 풍선 불어 본 적 있지? 입으로 바람을 넣거나, 펌프로 공기를 넣어 준 풍선이 하늘로 올라가는 거 봤어? 봤어?"

곰곰이 생각해 보니 영실이 입으로 불었던 풍선들은 하늘로 올라가지 않고 오히려 바닥에 내려앉았었다.

'아이고, 또 규리가 엄청 잘난 척을 하겠군.'

영실은 마지못해 대답했다.

"아니."

"그럼 왜 헬륨이 들어 있는 풍선만 둥둥 뜨는 거야?"

"그거야, 헬륨이 가벼우니까 그렇지."

"정말? 헬륨이 뭣보다 가볍다는 거야?"

"공기보다 가볍잖아. 열기구가 뜨는 것과 같은 이유 아냐?"

"흠, 제법인데? 맞아, 헬륨은 공기보다 가벼워. 이걸 어려운 말로는 밀도가 작다고 하지. 그래서 헬륨을 넣은 풍선은 하늘로 올라가는 거야. 저기 보이는 애드벌룬에도 헬륨이 들어 있어."

그 순간, 영실의 기억 속에 헬륨 이외에 공기보다 가벼운 기체가 떠올랐다. 옛날에 학교에서 선생님이 풍선 속에 기체를 모았을 때 풍선이 위로 떠올랐던 적이 있었다. 그 기체는 수소였다.

"어, 잠깐, 잠깐. 헬륨보다는 수소가 더 가볍지 않아?"

"어, 영실이 너 수소 기체도 알아?"

"또, 또, 무시한다. 예전에 우리 선생님께서 수소를 넣은 풍선이 둥둥 뜨는 걸 보여 주셨었어."

"와, 영실이 너 좋은 선생님한테서 배웠구나."

"그럼, 내가 선생님의 훌륭한 도우미로 열심히 실험을 도와 드렸지."

"이렇게 말이지?"

갑자기 텅 빈 공간에 화면이 나타나고, 그 화면에 과거에 영실이가 다녔던 학교의 과학실 풍경이 나타났다. 이렇게 장소를 가리지 않고 필요할 때마다 화면이 나타나니 정말 편리한 것 같다.

화면 속 자신의 모습을 보는 일에 어느 정도 익숙해진 영실이 말했다.

"저기서 풍선을 놓기 전에 종이에 불을 붙이는 대단한 도우미의 역할을 하는 게 바로 나야. 풍선은 천장까지 올라갔고, 종이가 어느 정도 타 들어가자 '꽝!' 소리가 나면서 풍선이 폭발을 하더라구. 소리가 얼마나 컸는지 몰라. 진짜 대단했어."

교실 전체를 울릴 정도로 큰 소리가 나는 바람에 아이들이 놀라서 비명을 질렀던 기억이 생생하게 떠올랐다.

"바로 그 때문에, 수소 기체를 풍선에 넣지 않는 거야. 수소는 그렇게 폭발을 하거든. 그래서 애들이 갖고 노는 풍선이나 애드벌룬에는 수소 대신 헬륨을 넣는 거야."

어느새 화면은 사라지고, 둘의 대화를 듣고 있던 최 박사가 넌지시 끼어들었다.

"실제로 예전에는 수소 기체를 넣은 비행선을 교통 수단으로 사용했던 적이 있었습니다. 그런데 비행선 힌덴부르크 호가 하늘에서 폭발하는 바람에 사람들이 많이 죽었지요. 그래서 그 때 이후로는 교통 수단에도 수소 기체를 사용하지 않아요."

"그래도 헬륨보다 수소가 더 가벼운 건 맞죠?"

"예, 할아버님, 맞습니다."

영실은 기억 속에서 떠오른 수소 풍선을 다시 한 번 만들어 보고 싶다는 생각이 들었다. 위험해서 안 된다고 할지도 모르지만, 영실은 용기를 내서 말해 보았다.

"저, 그 때 했던 실험을 다시 해 보고 싶은데……."

"너무 위험해서 할아버님 혼자 실험하실 수는 없어요. 그렇지만 규리랑 함께 하면 괜찮겠네요."

영실은 내심 혼자 실험을 하고 싶었다. 그러나 영실의 마음도 모르는 규리는 신이 나서 말을 하기 시작했다.

"흠, 좋아. 폭발 실험이라니 기대가 되네. 뭘 준비할까? 영실아, 뭐가 필요해?"

"어, 글쎄. 일단, 먼저 수소 기체를 발생시켜야 하는데, 그 때 사용한 약품 이름이 잘 기억이 안 나네."

영실은 약품의 이름을 기억해 내려고 애를 썼지만, 애석하게도 기억이 나지 않았다.

'이걸 알아야 규리의 코를 납작하게 해 줄 수 있는데······.'

당황하는 영실을 보고 있던 규리가 도와 주겠다는 듯 말했다.

"어떻게 실험을 했는지 대충이라도 말해 봐."

"염산인지 황산인지 모르겠는데 거기에 무슨 금속 알갱이 같은 것을 넣었던 것 같아."

"아, 그럼 대충 알겠다. 아빠, 금속과 산이 반응할 때 나오는 수소 기체를 모았나 봐요. 염산하고 마그네슘을 준비하면 되겠죠?"

"그래, 규리야, 내일 아빠 실험실에서 같이 한번 해 보렴."

드디어 폭발 실험을 할 수 있게 된 영실은 기분이 좋아졌다. 그리고 이왕이면 수소 말고 다른 기체들을 가지고도 실험을 해 보고 싶어졌다.

"박사님, 수소 말고는 폭발하는 기체가 없나요?"

"수소 말고도 메탄, 부탄, 프로판, 아세틸렌 등 폭발하는 기체는 많습니다. 탈 수 있는 기체는 모두 폭발하니까요."

"LPG도 폭발하지 않나요? 가끔씩 폭발 사고가 났던 것 같은데."

"아, LPG는 액화 석유 가스(Liquefied Petroleum Gas)라고 해서 프로판과 부탄을 섞어서 액체로 만들어 놓은 거예요. 두 기체 모두 탈 수 있으니까 LPG도 당연히 폭발할 수 있지요."

옛날에 영실이네 차는 LPG를 연료로 사용했다. 그 때만 해도 LPG는 휘발유보나 환경을 덜 오염시켜서 청정 연료로 불렸었다. 갑자기 영실이는 아버지가 몰고 다니던 자동차가 생각났다.

"지금은 박물관에나 있겠지만 옛날에 아빠가 타고 다니시던 자동차에도 LPG를 썼는데……."

"기체들은 타면서 열을 많이 내기 때문에 연료로 많이 사용됩니다. LPG나 수소 같은 게 그 예죠."

둘의 대화를 듣고 있던 규리가 대화 속으로 끼어들었다.

"영실아, 우리 내일 탈 수 있는 모든 기체를 다 풍선에 넣어서 한 번씩 터뜨려 보자. 과연 어떤 게 제일 세게 터질까?"

"규리, 너, 정말 멋지다. 그래, 그래. 내일 다 해 보자."

신나게 떠들고 있는 영실과 규리에게 최 박사가 점잖은 소리로 말했다.

"자, 할아버님, 이제 놀이 기구를 타러 가셔야죠? 이러다 오늘 하루 다 지나겠는데요."

최 박사의 말에 영실은 정신이 번쩍 들었다.

'아니, 내가 지금 놀이 공원에 와서 뭘 하고 있는 거야? 빨리 하나라도 더 타야 할 판국에.'

"박사님, 이제야 말씀해 주시면 어떻게 해요? 빨리 가야겠다. 규리야, 어서 가자."

그날 영실과 규리, 최 박사는 하루 종일 놀이 기구를 타고 야간 개장까지 즐긴 뒤 녹초가 되어 집으로 돌아왔다.

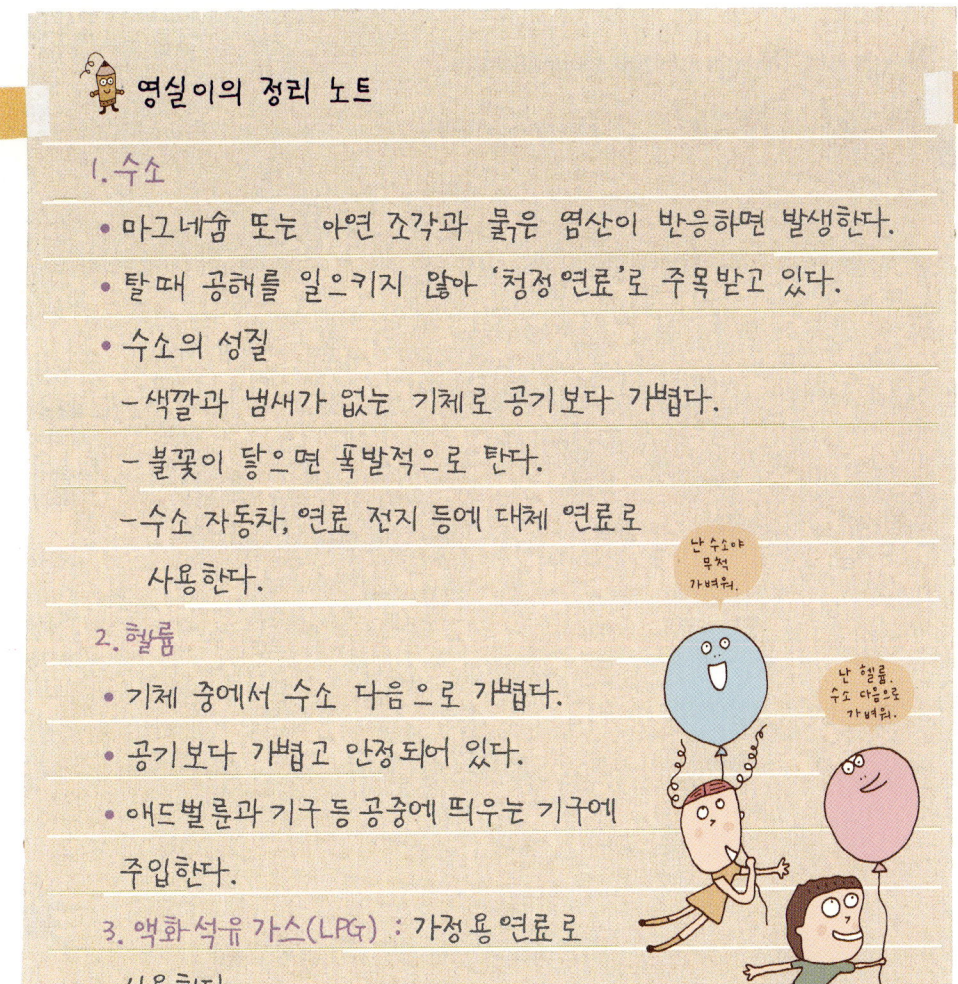

영실이의 정리 노트

1. 수소
   - 마그네슘 또는 아연 조각과 묽은 염산이 반응하면 발생한다.
   - 탈 때 공해를 일으키지 않아 '청정 연료'로 주목받고 있다.
   - 수소의 성질
     - 색깔과 냄새가 없는 기체로 공기보다 가볍다.
     - 불꽃이 닿으면 폭발적으로 탄다.
     - 수소 자동차, 연료 전지 등에 대체 연료로 사용한다.

   난 수소야 무척 가벼워.

2. 헬륨
   - 기체 중에서 수소 다음으로 가볍다.
   - 공기보다 가볍고 안정되어 있다.
   - 애드벌룬과 기구 등 공중에 띄우는 기구에 주입한다.

   난 헬륨 수소 다음으로 가벼워.

3. 액화 석유 가스(LPG) : 가정용 연료로 사용한다.

냉동 인간 보관소에 들어가다

 여덟째 날

아침 식사를 마친 뒤, 영실과 규리는 최 박사의 실험실로 갔다. 그런데 웬일인지 실험실의 문이 잠겨 있고, 문 앞에는 "금일 실험실 출입 금지"라는 메모가 붙어 있었다.

"아니, 이게 뭐야. 오늘 실험실에서 실험하는 거 최 박사님도 허락하신 거잖아. 그런데 금일 실험실 출입 금지라니?"

"이상하네. 영실아, 여기서 잠깐 기다리고 있어. 내가 아빠를 찾아보고 올게."

규리가 최 박사를 찾으러 간 사이, 심심해진 영실은 실험실 근처를 기웃거리며 돌아다니기 시작했다. 그 때 한 실험실의 이름이 영실의 눈길을 끌었다.

〈냉동 인간 보관소〉

'냉동 인간 보관소라면 내가 100년 동안 누워 있었던 곳이잖아!'

영실은 그 곳에 들어가 보고 싶어졌다. 하지만, 냉동 인간 보관소 입구에는 빨간색으로 "관계자 외 출입 금지"라고 선명하게 써 있었다. 호기심을 억누르지 못한 영실이 주변을 기웃거리고 있는데, 누군가 갑자기 영실의 어깨를 '툭' 하고 쳤다. 깜짝 놀라 돌아보았더니 규리가 의심스럽다는 표정으로 쳐다보고 있었다.

"뭐야, 영실이 너 여기서 뭐하고 있었어?"

"아, 아니. 그냥 여기저기 구경하고 있었어."

규리가 실험실의 이름을 보더니 말했다.

"여기 들어가 보고 싶어?"

속마음을 들킨 영실은 당황하며 황급히 말을 이었다.

"아, 아니, 뭐, 꼭 그렇다기보다는……, 내가 냉동 인간이었을 때에는 어떤 모습이었는지 궁금해서…….”

하지만, 규리는 문 앞의 빨간 글씨를 손으로 가리키며 말했다.

"여기, '관계자 외 출입 금지'라고 써 있는 거 안 보이니?"

"물론 보이지. 그렇지만……."

"영실이 너 절대로 여기 들어가면 안 된다. 아빠 회의 들어가셨대. 끝날 시간이 다 되어 간다니까 내가 가서 아빠 모시고 올게. 아빠 실험실 앞에서 꼼짝 말고 기다려."

규리는 다시 최 박사님을 모시러 갔다. 절대로 들어가면 안 된다는 규리의 말에도 불구하고 혼자 남겨진 영실은 눈덩이처럼 점점 커지는 호기심을 견딜 수가 없었다.

'에이, 한번 들어가 본다고 별일 있겠어? 아무 것도 안 만지고 그냥 살짝 보고만 나오지 뭐. 문이 안 열리면 그만이고. 일단 손잡이나 한번 돌려 봐야지.'

재빨리 주위를 살펴 보는 사람이 아무도 없다는 것을 확인한 영실은 조심스럽게 문의 손잡이를 돌렸다. 문 앞의 빨간 글씨가 무색하게 문은 예상 외로 쉽게 열렸다. 안으로 들어가자 어둠 속에서 출입자 확인 시스템이 가동되는 소리가 들렸다.

"오른손을 바에 올려놓으세요."

영실은 머뭇거리다가 시키는 대로 오른손을 올려놓았다. 잠시 후 약간 따끔한 느낌이 들었다. 손을 들어 보니 손가락 하나에 핏방울이 조그맣게 맺혀 있는 것이 보였다.

'이거 왠지 불길한데.'

아니나 다를까, 잠시 후 사방에서 붉은색 등이 깜빡이면서 요란스럽게 큰 소리가 나기 시작했다.

"경고! 침입자 발생! 경고! 침입자 발생!!"

순식간에 불이 환하게 켜지고 직원들이 달려왔다. 그리고 영실은 최 박사 앞으로 끌려갔다.

"거긴 왜 들어가신 겁니까?"

민망해진 영실은 다 죽어가는 목소리로 대답했다.

"냉동 인간이 보고 싶어서요."

영실의 대답을 들은 최 박사는 웃으면서 말했다.

"보고 싶으면 말씀을 하시지, 왜 몰래 도둑처럼 들어가셨어요. 자, 제가 안내를 할 테니 가시지요."

규리의 사나운 눈길을 받고 영실은 잠시 움찔했지만, 아무 일도 없었다는 듯 최 박사를 따라나섰다. 잠시 후, 그들은 〈냉동 인간 보관소〉에 도착했다. 그 곳은 무척 서늘한 냉기가 감돌고 있었다.

"여긴 춥네요."

"당연하지요. 냉동 인간은 극저온 상태로 보존된 인간을 말하는 거예요. 그리고 인간을 그런 상태로 보존하기 위해서는 온도가 엄청나게 낮은 액체 질소를 쓰거든요."

"액체 질소요? 그게 뭐예요?"

"공기 중에 제일 많은 기체가 뭔지 아세요?"

규리가 냉큼 끼어들었다.

"그야 물론 질소 기체죠."

"규리가 빨랐구나. 공기 중에는 질소 기체가 가장 많은데, 액체 질소는 공기 중의 질소 기체를 액체로 만든 겁니다. 온도가 영하 196℃예요."

영하 196℃라는 온도가 어느 정도 차가운 건지 영실은 실감할 수 없었다.

'온도가 영하 78℃ 정도인 드라이아이스도 맨손으로 만지면 동상을 입는데, 영하 196℃면 대체 얼마나 차가운 거야? 어휴, 상상도 안 되네.'

"엄청 차가운 건가 봐요."

"그렇습니다. 이렇게 차갑게 해야 신체의 모든 반응이 순간적으로 멈춰서 그대로 보관될 수가 있는 거지요."

"겨울잠을 자는 동물처럼 되는 건가요?"

"비슷합니다. 냉동 인간이라는 것 자체가 겨울잠을 자는 동물에 착안해서 개발된 기술입니다."

"액체 질소는 많이 비싸겠네요?"

"그렇게 비싸지는 않습니다. 공기 중에는 질소가 워낙 많거든요."

"공기 중에 질소는 얼마나 되는데요?"

"공기 중에 질소 기체는 78% 정도 됩니다. 공기 전체를 100개라고 하면 그 중의 78개가 질소라는 말이지요."

"그럼 나머지 22개는 뭐예요?"

"아이참, 영실이 너 진짜 무식하다. 산소잖아, 산소."

규리가 톡 끼어들었다.

"규리 말이 거의 맞습니다. 22개 중 21개가 산소예요. 그리고 나머지 1개 속에 아르곤, 헬륨 등의 기체들이 섞여 있는 거지요."

"질문 있어요. 공기 중에 질소랑 산소가 마구 섞여 있을 텐데, 어떻게 질소만 따로 모아서 액체 질소를 만들어요?"

영실의 질문을 들은 최 박사의 입가에 미소가 감돌았다.

"그건 말이죠. 일단 공기의 온도를 충분히 낮춰서 액체로 만든 다음에 서서히 온도를 올리는 겁니다. 질소나 산소는 각각 다른 온도에서 끓는데, 질소가 산소보다 낮은 온도에서 끓어요. 그러니까 질소가 먼저 끓어서 나오게 되죠. 먼저 끓어서 나온 질소 기체만 따로 모아서 다시 액체로 만들면 액체 질소를 얻을 수 있습니다. 그리고 그렇게 해서 얻은 액체 질소에 냉동 인간을 담가 두는 거죠. 할아버님도 얼마 전까지는 저기 저 사람들처럼 액체 질소 안에 누워 계셨습니다."

'이거 어째 들어 본 내용 같은데? 아, 맞아. 산소 기체도 같은 방법으로 모은댔지?'

이나영 선생님과 수업하면서 들은 내용인데, 다시 질문을 하다니, 영실은 제 머리를 쥐어박고 싶은 심정이었다.

'앞으론 절대 잊지 말아야지. '분별 증류'라고 했었지?'

영실은 새삼스러운 기분으로 냉동 인간이 보관된 캡슐들을 바라보았다. 기분이 영 이상했다. 이런 영실의 심정을 아는지 모르는지, 규리가 영실의 팔을 툭툭 쳤다.

"이제 기체 폭발 실험을 하러 가 볼까?"

 우리는 한 가족

실험실에는 이미 여러 가지 약품과 기구들이 준비되어 있었다.

"자, 이제 실력을 한번 발휘해 보실까."

잠시 후 실험실에서 "쾅!" 하는 소리가 요란하게 나더니 얼굴이 하얗게 질린 영실이 뛰어나왔다.

"최 박사님, 큰일 났어요. 규리가 절 죽이려고 해요."

"네? 할아버님, 일단 진정하세요. 대체 무슨 일이세요?"

"규리가 폭탄으로 절 죽이려고 한다구요."

"그럴 리가요."

최 박사는 어이없어하며 말했다.

"못 믿겠다면 한번 들어와 보세요."

영실은 혼이 빠진 얼굴로 최 박사를 실험실로 끌고 갔다.

영실과 최 박사가 실험실에 들어갔을 때에는 이미 커다란 풍선에 달린 도화선이 얼마 남지 않은 상태였다.

"규리가 풍선에 수소 기체를 저렇게 많이 넣었다구요."

영실의 말이 끝남과 동시에 마치 실험실을 통째로 날려 버릴 듯 엄청난 폭발음이 들렸다.

"꽈과과과과과아아아아앙!"

규리와 최 박사는 순간적으로 귀를 막고 바닥에 엎드렸다. 잠시 후 정신을 차리고 보니, 영실은 실험실 바닥에 정신을 잃고 쓰러져 있었다. 규리와 최 박사는 깜짝 놀라 영실의 몸을 흔들어 보았지만 영실은 눈을 뜨지 않았다.

"아빠, 어떡하죠? 많이 놀랐나 봐요."

"일단 진료실로 옮겨서 진료를 해 보자."

규리와 최 박사가 걱정스러운 얼굴로 마주보고 있는 사이, 영실은 슬며시 눈을 떴다.

'두고 보라지. 나를 이렇게 놀라게 하다니. 규리 너, 어디 한번 맛 좀 봐라.'

영실을 진료실로 옮긴 최 박사는 즉시 영실의 몸에 각종 센서를 붙인 뒤 모니터를 통해 데이터를 확인하기 시작했다. 영실의 몸 상태를 알려주는 각종 숫자들이 화면에 나타났다.

"다행히 심장 박동을 비롯한 모든 수치가 다 정상이야."

"정말요? 그런데 왜 안 깨어나는 거죠?"

잠시 후, 최 박사는 영실이 기절한 척하고 있다는 사실을 알아차렸다. 그리고 그 사실을 규리에게 손짓으로 알린 뒤, 일부러 심각한 목소리로 말했다.

"자세히 보니 매우 심하게 나빠진 곳이 있구나. 일단 응급 조치를 해야겠어. 규리야, 저기 있는 주사기를 주렴."

"어머, 어떡해요, 아빠. 이 주사만 놓으면 괜찮은 건가요? 그런데 이 주사 진짜로 아플 텐데."

최 박사의 장난에 규리가 능청맞게 장단을 맞추었다.

"아프겠지만 어쩔 수 없구나. 다행히 할아버님은 지금 기절해 계시니까 아마 못 느끼실 거야. 이 주사를 놓은 뒤에는 다시 냉동을 시켜야 될 것 같다. 주사는 응급 조치일 뿐이고, 이 병은 지금으로서는 치료가 불가능하거든."

'아니, 이게 다 무슨 소리야? 주사? 게다가, 나를 다시 냉동시킨다고?'

안 돼!'

"아악, 저 아무렇지도 않아요. 그냥 장난친 거예요. 주사 놓지 마세요. 다시 냉동되는 것도 싫다구요."

영실은 벌떡 일어나 총알같이 도망가기 시작했다. 규리와 최 박사는 그 모습을 보고 배를 잡고 웃기 시작했다.

"하하하하."

"호호호호."

그날 밤에는 유난히 많은 별이 보였다. 영실은 오래전에 세상을 떠난 가족들을 생각하며 하늘을 향해 혼잣말을 했다.

"아빠, 저 이제 이 곳에서 잘 살 수 있을 것 같아요. 최 박사님이 너무 잘 해 주세요. 박사님에게 아들이 없으니까 제가 대신 아들 노릇 하려구요. 증조할아버지가 아들이 된다니 좀 웃기죠? 그래도 저 잘하는 거 맞죠?"

그 순간이었다. 마치 영실의 말에 대답이라도 하는 것처럼 별똥별이 하나 떨어졌다.

"우와, 이거 그렇게 하라는 아빠의 대답인 거죠? 알았어요. 저 행복하게, 그리고 열심히 잘 살게요. 너무 걱정하지 마시고 하늘에서 지켜봐 주세요."

이번에는 수많은 별똥별이 떨어지기 시작했다. 영실은 행복한 마음으로 비처럼 내리는 별똥별을 바라보았다.

"아빠, 이 정도면 타이밍 굿이죠?"

화면을 들여다보던 규리가 최 박사를 보며 말했다. 규리는 컴퓨터를 이용해 지금 막 별똥별 쇼를 하늘에 펼친 뒤였다.

"그런 것 같구나."

최 박사와 규리, 영실은 이제 행복한 가족이었다.

영실이의 정리 노트

1. 공기의 성분: 공기는 질소(약 78%), 산소(약 21%), 이산화탄소(약 0.03%), 그 밖의 기체로 이루어진 혼합물이다.

2. 질소
   - 성질: 색깔과 냄새, 독성이 없고, 액체 상태의 질소는 온도가 매우 낮다.
   - 질소의 이용: 자동차 에어백, 식품 포장, 질소 비료, 급냉동 등